精准社交

让社交为人生赋能的高情商法则

唐保丽◎著

民主与建设出版社
·北京·

图书在版编目（CIP）数据

精准社交：让社交为人生赋能的高情商法则 / 唐保丽著. —北京：民主与建设出版社，2021.7

　ISBN 978-7-5139-3647-7

　Ⅰ.①精…　Ⅱ.①唐…　Ⅲ.①心理交往—通俗读物
Ⅳ.①C912.11-49

中国版本图书馆 CIP 数据核字（2021）第 137222 号

精准社交：让社交为人生赋能的高情商法则
JINGZHUN SHEJIAO: RANG SHEJIAO WEI RENSHENG
FUNENG DE GAOQINGSHANG FAZE

著　　者	唐保丽	
责任编辑	刘树民	
封面设计	国风设计	
出版发行	民主与建设出版社有限责任公司	
电　　话	（010）59417747　59419778	
社　　址	北京市海淀区西三环中路 10 号望海楼 E 座 7 层	
邮　　编	100142	
印　　刷	文畅阁印刷有限公司	
版　　次	2021 年 7 月第 1 版	
印　　次	2021 年 7 月第 1 次印刷	
开　　本	880 毫米 × 1230 毫米　1/32	
印　　张	7.5	
字　　数	160 千字	
书　　号	ISBN 978-7-5139-3647-7	
定　　价	49.00 元	

注：如有印、装质量问题，请与出版社联系。

作为节目主持人，与人沟通的技巧必不可少。和不同文化背景、不同表达习惯的人做有效沟通，这特别考验一个人的社交能力。

然而提起社交，我就遇到过有人感慨，"我见到领导就紧张，每次和领导沟通都感觉词不达意……""让我写东西行，让我说我就不知道该怎么开口了。需要沟通的时候，往往犹豫再三""在与人沟通的时候，我往往因为一点儿小分歧就发火了，总是控制不住自己的脾气，最后事情没办好，还总是不欢而散。"这些并不是个别案例。之所以出现这样的情况，主要是因为不了解沟通的原理和常识。沟通是要讲究技巧的，要掌控社交，就离不开高情商的沟通法则。

一个好汉三个帮！无论在学业上还是事业上，一个人要想获得成功，就离不开别人的帮助。个人的努力是基础，"伯乐"的提携是关键。纵使你才华横溢，不懂得与别人沟通，没有掌握社交法则，别人不了解你，更不会给你提供发展的舞台。所以，在社交中大胆、勇敢地向对方说出自己的需求，站在对方的角度思考并提供解决方案，达到双赢，这才是掌控社交之道。

唐保丽女士结合自己的实践与思考，精心写作了《精准社交：让社交为人生赋能的高情商法则》一书，告诉大家如何建立关系，互相帮助，提升自信心，借助案例讲述了5种高情商社交法则的具体运用方法，启发读者怎样让社交为人生赋能，给社交迷茫中的人以启迪，帮助读者提升有效社交。本书语言通俗易懂，案例丰富具体，实操性非常强。

如果你在社交中遇到困惑，或者对社交心存恐惧，不妨打开此书读一读，相信一定开卷有益！

中央广播电视总台节目主持人　刘芳菲

2021年6月

情商（EQ）也就是情绪智力，是心理学家提出的与智力和智商相对应的概念。它主要是指人在情绪、情感、意志、耐受挫折等方面的品质。

一些人能够很好地控制自己的情绪，遇事头脑冷静，行为理智，能够及时化解自己的不良情绪，这就是高情商的表现。

很多人情绪容易失控、爱发脾气，有时候因为一点儿小事情和别人吵得不可开交，把本来很容易解决的事情变得复杂化，这就是情商低的表现。

情商高的人，在社交当中不会以自我为中心，会站在对方的角度思考问题，多为对方考虑，从而达到双赢的结果，因此是社交中的"宠儿"。情商低的人，在社交当中只想占便宜，只让别人为他付出，而不愿意在别人遇到困难的时候，伸出援助之手，久而久之亲朋好友都会疏远他，在社交中处处碰壁，从而成为"孤家寡人"。

在社交中能够顺风顺水的人，都是高情商的人。我们怎样才能做一个能够精准社交的高情商者呢？要做一个能够精准社交的高情商者，就要掌握一定的沟通技巧。人与人相处离不开沟通。在社交中通过沟通交流，能够互换信息，把自己拥有的资源或能力告诉对方，同时也能够了解对方的资源和能力，以及清楚双方的需求。这样才能够有效地解决问题，达到沟通的目的。

在社交中，有的人害怕与人沟通，尤其是碰到困难，需要向别人求助的时候，更是张不开口，其实这是心理问题，没有正确认识人与人之间的关系，不理解需要与被需要的关系。还有的人不怕沟通，遇到一点点问题就开口向别人求助，哪怕自己稍微一努力就能够解决，也一再勉强别人帮自己去做。这种沟通方式都不正确，都不会为自己的人生赋能。

本书分为9章，从社交的本质写起，告诉读者社交的核心是什么，在社交中怎样摆脱冒充者综合征，提高自己的配得感，然后利用高情商社交法，让社交为自己的人生赋能。

本书适合不善于社交，或者在社交中屡屡碰壁，想要高情商地沟通，从而让社交为自己的人生赋能的人阅读。

目录
CONTENTS

第6章　高情商社交法则 4：利他
——恰到好处的付出，让你与对方无意识连接

第7章　高情商社交法则 5：感恩
——与外界刻意互动

人人都渴望"被需要"

人生活在世上，
没有不需要他人帮助的。
在我们遇到难题的时候，
一定要大胆地向他人求助，
不要有任何顾虑。
当你向别人求助时，
也是你对他的能力的认可。
人人都渴望"被需要"，
这也是自我价值的体现。

关系的本质是心灵契约

1

"遇事要尽量自己解决"这是父母和长辈教给我们的一句人生箴言。很多心地善良的人都把这句话当作真理,他们愿意无私地帮助他人,却羞于开口请求别人帮助,他们认为花费别人的时间让别人帮助是不正确的。但是,这样的人往往人际关系和社交十分单薄,因为不愿意请别人帮忙,所以缺少了与别人社交的理由和契机。

不愿请别人帮忙的心理还会让人钻进牛角尖,有时候一句简单的求助就能解决问题,可我们总是开不了口。我们害怕被拒绝,害怕被人瞧不起,害怕别人觉得我们能力不足,所以不敢开口求助。于是,"不想浪费别人的时间"成了逃避和退缩的借口。其实,**遇到问题适度地请别人帮忙,才是聪明的做法。**

适度地请别人帮忙可以让我们与朋友更亲近。金无足赤,人无完人,适当地显出一些短板,让身边的人帮助,能拉近彼此的距离。在接受对方的帮助后,再真诚地表达感谢,这样会让对方更愿意和我们做朋友。

适度地请别人帮助还能汲取别人的优点，提升我们的短板。特别是在非优势领域，求助经验丰富的伙伴能迅速提升我们的个人能力。与其自己绞尽脑汁地闭门造车，还不如向别人求助，也许对方稍加点拨，我们就会感到豁然开朗。

2

和谐的人际关系也是在互相帮助中建立起来的。一次聚会结束后，已经晚上10点多了，其他人都各自回家了，但还有一位朋友已经赶不上最后一班地铁了。于是，我对她说："不如我开车送你回家。"这位朋友不愿麻烦我，她说："我和你并不顺路，就不麻烦你了。我打车也可以的。"

我笑着对她说：**"你知道吗？好的人际关系都是从互相帮助开始的。"**听了我的话。朋友也释然地笑了，她大大方方地坐进我的车："那好吧，请你送我去世贸广场。"

从这次以后，我们变成了时常互相帮助的朋友，彼此的交流也越来越多。原本只是普通朋友的我们，现在变成了关系密切的好朋友。互相帮助让我们的来往变得频繁，关系自然就会变得亲密。

我一向认为互相帮助是建立人际关系的桥梁，这个观点其实不是我提出的，它被人们称为"富兰克林效应"，源于美国国父之一本杰明·富兰克林的一则轶事。

一次，富兰克林想与一位宾夕法尼亚州立法院的议员合作，但是这位议员是出了名的难缠。一般的做法是投那位议员所好，或者找中间人牵线搭桥，但是富兰克林却另辟蹊径，用了一个妙招。

他从某种途径得知那位议员的藏书中有一本非常罕见的绝版书，于是他就向那位议员提出了借阅那本书的请求，议员答应了他。当他们再次见面时，富兰克林和议员就很自然地开始了交谈。有了好的开头，通过进一步交流，富兰克林很快与该议员达成了合作。

富兰克林认为，他这次成功的原因是："曾经帮过你一次忙的人会比那些你帮助过的人更愿意再帮你一次忙。"换句话说，如果我们要想某个人喜欢上自己，那么不妨请他帮个忙。

其实，"富兰克林效应"很容易理解，当我们请求对方帮忙时，或者因为一件小事麻烦对方时，就是在向对方释放好感，对方接收到我们的好感以后，就会与我们开始互动，彼此的关系就在这样的互动中建立起来了。

不过，在请别人帮助时一定要适度，千万别让"小问题"变成了大麻烦。例如，一开口就找别人借一大笔钱，或者提出让别人十分为难的请求。这样的做法才是真正的找麻烦，不仅不能帮我们建立和谐的人际关系，还会让朋友纷纷远离。

3

因此，我们必须知道怎样正确地请别人帮忙，以及掌握请人帮忙的度。既要让别人愿意帮忙，也要让自己能自然地开口求助，这绝对是一门"技术活"，我们可以从以下几个方面入手。

◎ **调整自己的心态**

不要怕开口求助，也别抗拒请求别人，别人帮助了我们，我们也可以随时帮助别人。我们应该敞开自己的心扉，不要把自己封闭起来，请别人帮助没有那么可怕，说不定对方正缺一个机会走近我们呢！多尝试几次向别人求助，慢慢地我们就能克服心理上的障碍。

◎ **做一个负责任的人**

适度地请别人帮助，并不等于推卸自己的责任。凡是我们自己责任范围内的事情都应该尽量独立完成，不要随意请别人代劳。更不要因为别人愿意伸出援手，就把责任全都推到别人身上。

◎ **别把别人的帮助当作理所当然**

当我们请别人帮助时，别人拒绝了我们也不要生气，因为"帮了是情分，不帮是本分"。我们要时刻记住，这是我们自己的事情，别人没有必须帮助我们的义务，所以别把麻烦别人当作一件理所当然的事情。

◎ **对别人要体谅**

我们在请别人帮助时，应该体谅对方。例如，不在别人忙碌时请求帮助，否则会给对方造成困扰。

适度地请别人帮忙，并不是错误的，相反还是社交时的润滑剂和缓冲剂。只要在求助时注意以上几点就可以放心大胆地求助了。既然适度地请别人帮忙在社交中能起到这么积极的作用，那么什么样的忙都可以吗？

答案当然是否定的，首先不能超过对方的能力范围，否则对方会怀疑我们真正的目的。其次，我们在请对方帮忙时，最好不要涉及金钱等利益关系。社交是建立人际关系、交流个人感情的活动，一旦涉及金钱就会变成雇用、买卖、利益交换的关系，这就不是单纯的社交活动，而是双方的一种契约了。

另外，请别人帮忙后，我们一定要及时补偿对方，社交的核心就是"人情往来"，有来有往才能建立关系，形成精准社交。这次我们请朋友帮忙了，朋友下次也会请我们帮忙，在这一来一往中，朋友之间的关系也会越来越亲密。

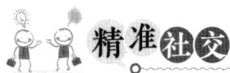

精准社交

遇到问题适度地请别人帮忙才是聪明的做法，更重要的是，和谐的人际关系也是在互相帮助中建立起来的。

精准社交的核心：需要与被需要

1

在社会生活当中，每个人都需要别人的帮助和需要帮助别人。那些遇到问题懂得请别人帮助的人，都是深谙社交技巧的人，他们明白礼尚往来的规则，也知道自己的弱点，他们用高超的社交技巧弥补了自身的弱点。

有些人觉得自己学历高、职位高，遇到问题向别人求助显得自己无能，于是一个人默默地想尽各种办法解决问题，最后花了很多时间，也没有解决问题。这就是不会社交的表现。

无论是在职场中还是在生活中，需要别人的帮助是很正常的事情，这无关学历、职位、身份等。在社交达人眼中"从来不需要别人"并不是一个优秀品质。**因为只有"需要"才能拉近和对方的距离。只有"互相需要"才能做朋友。**

前段时间，我的同事小张很烦恼，他负责的项目出现了失误，让公司遭受了不少损失，他不但很内疚，还很有挫败感。

小张在拟合同时已经非常仔细了，恨不得把合同上的每句话、每个字都查一遍，生怕出现漏洞。他在拟合同时遇到不懂的地方就上网查资料，几乎快要把《合同法》背下来了，没想到最后还是出现了差错。

其实，小张在做合同的时候不是没有想过向学法律的朋友求助，但是他又担心朋友会觉得他无知，连分内的工作都不能做好。再加上，小张在朋友圈看到朋友在国外度假的动态，怕打扰了朋友的假期，而且他听说律师最反感"做义工"，他怕拉下面子请朋友帮忙，反而被朋友拒绝。

合同出现纰漏后，小张实在没办法了，只好忐忑不安地打电话向他的律师朋友求助，没想到那位朋友三下五除二就帮她解决了问题。在小张看来麻烦得不得了的事，对律师专业朋友来说完全是小菜一碟。

律师朋友不仅没有嫌小张麻烦，还问小张为什么不在签合同之前拿给他看一下，他花几分钟看一遍，这个纰漏就完全能够避免。他还开玩笑说，是不是怕请吃饭，才不肯说出自己需要帮助的。

2

我们要明白，"需要别人"不等于无效社交，相反地，它是一种非常有效的社交手段。因为它不仅是双方进一步交往的契机，还能够反映别人对我们的重视程度。**别人对我们的重视程度反映在他是不是肯尽力帮助我们上面。**

很多人在进行社交时，都会陷入一个误区，认为只要我们对别人好，对别人付出的够多，别人就会愿意和我们做朋友，如果别人不愿意，那就说明我们付出得还不够多。但现实的情况却恰恰相反。

我大学时，有一位男同学追女孩很有一套，虽然他的"颜值"只是平均水平，家境也很一般，但他却在女生中很有人缘。而且，这位男同学追求女孩的方式和大多数男孩都不太一样。他会先观察女孩的特长，并借机向对方求助，而不是一开始就大献殷勤。如果女孩学习很好，他就向对方请教学业上的问题；如果女孩喜欢旅行，他就向对方请教旅行攻略。

请对方帮忙后，这位男同学就有理由"还人情"了，一来二去，双方的距离就会越来越近。一次，我和他聊天时，他说："其实交朋友和恋爱的本质是一样的，如果你想拉近和一个人的关系，就要用平等的态度去与对方交往。人情往来就是一个很平等的交往基础，单方面的付出只会让自己显得很卑微，对双方关系有害无益，互相被需要才是增进关系的良方。"

很显然，我这位男同学也是一位社交高手，因为他抓住了拉近距离最好的方式，那就是需要别人的帮助。交朋友时，与其去帮别人，不如让别人来帮我们，如果只是举手之劳，大多数人都不会拒绝的。而且，只要别人帮助了我们一次，我们就可以顺理成章地开始与对方打交道，既不会显得突兀，也不会显得过于谄媚。

3

我们每个人都能通过帮助别人获得愉悦感，特别是当我们的举手之劳给别人带来很大的帮助时，我们会觉得满足而愉快。这是因为我们的道德感与价值感得到了双重满足。所以，有时候我们的求助非但不会让对方觉得不快，反而会给对方带来愉悦感。

这是因为我们的请求中暗含了几个前提，第一个前提就是我们对对方的认可，不管是从能力上，还是从人品上，我们都信任对方，相信对方也能从我们的请求中感受到这一点。

第二个前提就是我们承认对方在某些方面比我们优秀。我们放低姿态，向对方求助，其实就说明了我们在这方面不如对方。对方通过帮助我们，也能获得心理上的满足感。而且在小事上示弱，可以很快获得别人的信任。**所以，想交朋友就先请对方帮个忙吧，这是精准社交的秘诀！**

如果你想利用"需要别人帮忙"来展开精准社交，拉近和别人之间的关系，那么，下面的几条建议或许对你很有用。

◎在对方擅长的领域求助

每个人都有自己的长处和优势，并且一定非常希望这些优势能被人发现。在别人擅长的领域求助，相当于给了对方一个展示自己优势的机会。此时，我们还可以顺势向对方表达我们的欣赏和感激，对方的内心肯定会获得一些满足感，还会自然而然地对我们产生好感。

◎要让对方感到我们确实需要帮助

如果我们需要别人做的事情是我们自己就能轻易做到的，那么对方不仅不会认为自己受到重视，反而会认为我们把他当成免费劳动力，最后的效果就会适得其反。所以，我们应该让对方感觉到自己做的事是我们确实需要的，或者的确是我们自己力所不能及的。

◎别让对方付出过多的时间和精力

我们的本意是借麻烦对方拉近关系，所以不要让对方付出过多的时间和精力。比如，我们可以请教一些对方很擅长的问题，或者借一些对方闲置的东西。如果在这个阶段我们和对方还没有成为好朋友，开口要对方帮一些大忙，是很不合适的，而且让朋友帮忙"做一个设计""写一个方案"不是需要帮助，而是企图不劳而获。

◎对方帮忙后要及时回报

美国社会学家霍曼斯提出的"社会交换理论"认为，人际关系的本质就是一种交换，只有人与人之间的精神和物质交换达到互惠和平衡状态时，人际关系才能维持下去。一味索取的人是无法建立和谐的人际关系的，只有知恩图报、有来有往，一段关系才能长久地维持下去。

从社交的角度来说，"需要帮助"不等于无效社交，反而是一种精准社交。因为，"不需要别人帮助"意味着不肯亏欠，可社交的本质就是价值交换，既然不愿意亏欠，那么价值交换也就无从谈起，双方关系也就只能停留在表面了。

所以说，**"需要别人帮助"是一种非常重要而且有效的社交技能，我们不要害怕它，而是要善用它**。列夫·托尔斯泰曾在《战争与和平》里写道："我们并不因为别人对我们的好而爱他们，而是因为自己对他们的好而爱他们。"

下次想和人交朋友的时候，先让他帮个忙吧！

精准社交

求助是一种非常重要而且有效的社交技能，我们不要害怕它，而是要善于利用它。想交朋友就先让对方帮个忙吧，这是精准社交的秘诀！

敢于示弱，从孤独到与人亲密

1

"你回公司吗？"

"不，我现在不回公司。"

"你帮我把文件带回公司吧！"

"可我现在不回公司。"

"拜托了，我现在没时间，反正这里离公司不远，你帮我送回去吧。"

像这样的人，我们每天都会遇到，面对他们提出的一些"理所当然"的需要，我们要按捺住心中的火气，才能不和他们吵起来。但是，不知道大家有没有注意到，无论我们是否喜欢这样的人，只要我们不想撕破脸、不强行拒绝，他们总是会和我们发生千丝万缕的联系。

有时候，在长期的接触中我们会慢慢发现这些动不动就需要别人帮助的人也有好的一面，并且对他们的行为产生包容，在暗暗嫌弃的同时，我们却和这些经常提出需要帮助的人的关系越来越好。

有时候，我们不得不感叹人际关系的微妙，每个人都有独特的个性，人与人的相处模式也不尽相同，每一种相处模式产生的氛围也截然不同。但无论哪种相处模式，哪种氛围，都是人与人之间的一种交集，都是独特的人间烟火。

但是除了形形色色的喜欢请别人帮助的人，我们还会发现另一类人，他们从来不愿意说出自己的需要。

"你的箱子太重，我帮你一起抬吧。"

"谢谢，不用了。"

"我们顺路，我载你一程吧。"

"不用了，我自己去就好。"

"我要去国外旅行一段时间，有什么需要带的东西吗？"

"不需要了。"

这样的人总是很客气，把"不需要"挂在嘴边。他们看上去总是很独立，但也很冷淡，他们在人群中通常没有很强的存在感，就像路边的石头，虽然看见了，却很难让人感觉到存在。人际关系的本质就是交换，在互相需要之间，人和人的交集会越来越多，联系也会越来越紧密。而不愿请别人帮助的人很少与别人产生交集，所以在人群中也不会有较强的存在感。

不愿请别人帮助的人看似很独立、很坚强，其实他们是在逃避人与人之间的交集，不愿意或者不敢与他人建立关系、产生感情。

2

小丽是一个很不愿意说出自己需要帮助的女孩，最近她正好要搬家，本来她认为搬家很简单，但是收拾好后，她才发现足足有十几大箱的东西要搬。小丽觉得自己搬不了这么多东西，于是在找搬家公司之前，她发了朋友圈："马上要搬家了，但是东西太多，有人愿意帮我搬吗？"

不出意料，这条朋友圈动态没有得到任何回应。小丽只好安慰自己，可能大家都没看到这条动态。其实，小丽的内心深处非常希望有人能来帮她，哪怕不帮忙只是一句关心，也好过无人回应。

就在小丽准备放弃求助时，她的"男神"却突然发来消息，表示愿意帮助她搬家。小丽看到"男神"的消息后，心花怒放，但是她回复的信息却是："谢谢了，我已经请了搬家公司了，不需要你帮忙了。"

结果简直令人大跌眼镜，没有人帮忙时，小丽沮丧万分；但真的有人帮忙时，她却马上予以拒绝。小丽的行为看似很令人费解，但其实只要仔细分析她的成长经历就很好理解了。每次需要别人帮忙时，小丽的心里都会产生一种内疚和恐惧的感受，她从儿时起就曾经反复体验过这种感受。

小丽在家里排行第三，家里有一个姐姐和一个哥哥，虽然小丽是家里最小的孩子，但因为父母重男轻女，小丽从小就很不受重视。所以，她的需求从来没有很好地被满足过，有时还会因为提出要求而受到父母的呵斥和责骂。

时间长了，小丽就再也不敢表达自己真正的需求了，因为她提出要求后，得到的都是拒绝和无视，在这样的打击下，小丽觉得自己是不应该向别人提出要求的。这样的成长经历，让小丽变得害怕拒绝，还产生了"不配得到帮助"的自我认知。因为内心的恐惧、不安和内疚，她干脆不向别人说出自己的需要。即使偶尔得到别人的帮助，小丽内心也会觉得惶恐不安，对占用了别人的时间而感到内疚。

这样令人心酸的故事，在很多人身上都发生过，内心的恐惧和自卑让他们不敢向别人发出求助的信息，也不愿意占用别人的时间。

3

曾经，我也是个不愿向别人说出需要，对别人的帮助感到诚惶诚恐的孩子，这与成长过程中父母对我的态度是分不开的。但是，我的一位朋友爱丽斯令我发生了改变。

有一段时间，爱丽斯和我成为了室友，彼此的关系十分亲密。爱丽斯是一个乐于助人的女孩，她总是能细心地发现别人的需求。

一次，爱丽斯对我说："在你面前，我觉得自己是个毫无价值的人。"我很惊讶，不知道爱丽斯为什么会这么说。爱丽斯说："你从来没有麻烦过我，也没有让我帮过任何忙，哪怕是再小的事情。"

从那时起，我才知道懂得说出自己的需要是人与人之间的一种相处之道。经常"需要别人帮助"才能彼此照应，形成"相处"的关系。如果连"相处"的关系都没有，那么彼此是不会产生多少交集的。

不轻易说出自己的需要，对有的人来说已经成为一种根深蒂固的习惯，碰到任何困难第一反应就是咬牙坚持，只要能坚持下去就绝不会开口求助。他们把这种做法称为坚强自立，表面上看起来的确如此，曾经的我也是这样。但是只要认真剖析自己的内心，就会发现自己是在逃避某些感受，比如求助他人后的内疚和不安，还有对遭到拒绝的恐惧。

因为不想向人说出自己的需要，就会尽量自己解决所有的事，总是独来独往。并且也会排斥请求自己帮助的人，拒绝别人的求助。这样的情况会导致两种结果，一种是不愿说出自己需要帮助的人逐渐变成人群中的孤岛，慢慢地失去人际关系。第二种结果是形成单方面付出的局面，无法拒绝他人的求助，但又不愿求助别人，于是他们尽管内心很委屈，但也无可奈何。

无论哪种结果，都是我们不愿意看到的。"不愿意向别人说出自己的需要"这种行为背后的原因有很多，但也不外乎以下四种。

◎ **自卑心理作祟**

有的人出于自卑心理，认为自己不值得别人帮助，或者认为别人一定会拒绝自己，所以从不向别人求助。因为自卑，他们也更加不愿意暴露自己的短处，一旦开口说出自己需要帮助就有可能把自己的不足暴露在人前。

◎ **性格过于要强**

性格过于要强的人也不愿意向别人求助，他们更倾向于自己解决所有的问题。尤其是在职场上，他们不想给别人弱者的印象，也不愿意失去主动权，所以事事都自己扛。殊不知，过于要强的性格不仅让自己承受压力，也会给别人造成伤害。

◎ **对别人不抱期待**

有些人会因为过去的经历，对别人产生不信任感，对别人不抱期望，其实他们的内心是希望得到帮助的，但是他们担心别人会拒绝自己，或者不是真心帮助自己。这样的人在遇到困难时会选择走一步看一步，不到万不得已绝不会向别人开口寻求帮助。

◎ **担心别人的帮助别有用心**

有些人给自己的心灵筑了一道高墙，对外界的人和事有很深的不信任感，他们担心别人对他的帮助是别有用心的，而自己接受别人的帮助也有可能要付出额外的代价。所以，他们宁可自己一个人面对困难，也不愿意接受别人的帮助。

4

如果你也是一个任何事都自己扛，不愿意向别人说出需要帮助的人，如果你也想改变，想与别人建立紧密的关系，想和更多的人产生交集，就要检视自己的内心，分析自己不愿说出自己的需要帮助的原因。当你意识到自己应该改变，并深刻剖析自己时，就能看到那些积压在心灵深处的情绪。

这些情绪的成因很复杂，也很难追究出处，虽然过去的经历已经无法改变，但是我们可以通过自我成长，让自己慢慢改变。有人说不愿说出自己需要帮助、害怕被拒绝的心理和对人际关系的逃避态度都是年幼时形成的，要改变并不容易。确实如此，但这并不是我们不去努力尝试的理由。

社交和建立人际关系是我们生活和工作中的重要部分，也是人生道路上不能回避的必经之路。所以，鼓起勇气来努力改变吧，大胆地去说出需要别人帮助，也尽力帮助别人。

首先要改变的是自己的观念，要让自己认识到，需要别人的帮助是很正常的，不需要为此感到内疚和不安。然后再尝试请别人帮一些小忙，感受一下受人帮助的温暖。同时也要在力所能及的范围内帮助别人，让不安、恐惧的情绪在和别人的相互帮助中逐渐消弭。被别人拒绝时，要试着去面对内心的失落，告诉自己被拒绝没什么大不了，慢慢学会接纳被拒绝的感受。

不向别人说出自己需要帮助，不社交，其实不是自强独立，而是一种自我放逐，把自己放逐在人群之外，但是没有人能生活在人群之外，所以我们必须学会向别人说出自己的需要，与别人形成有分寸的互动关系，进而与别人形成交集。只有这样，我们才能与别人建立密切的关系，才会对自己有更加深刻的认识。

精准社交

　　社交和建立人际关系是我们生活和工作中的重要部分，也是人生道路上不能回避的必经之路。所以，鼓起勇气来努力改变吧，大胆地去说出需要别人帮助，也尽力帮助别人。

每个人都渴望被需要

1

　　每个人都需要"被需要"的感觉，每个人都享受这种感觉，这种感觉对我们来说，究竟有多重要呢？

　　"被需要"的感觉究竟是什么呢？父母被子女需要，老师被学生需要，强者被弱小的人需要，我们需要别人，也被被人需要。"被需要"是一种人与人之间相互依赖，相互连接的情感。

需要的人想获得别人的帮助，让自己的需求获得满足；被需要的人通过帮助别人，实现了自身的价值，在付出中获得满足感。其实，需要和被需要是相辅相成的，我们在"被需要"的时候也会产生一种幸福感。

为什么"被需要"的感觉如此重要呢？那是因为人是社会动物，不可能离开社会、离开他人孤立存在，我们在需要的同时，也在被需要着。我们可以通过"被需要"的感觉证明自己的价值，同时"被需要"也是我们对他人的一种回报，因为我们也渴望着他人的帮助。"被需要"还是我们判断自身存在感的方式，如果我们不再被身边的人需要，空虚和自我怀疑就会随之而来。

"被需要"的感觉如此重要，被他人需要的渴求如此强烈。但我们从小就被教导，不要依赖他人，这样做也是不受欢迎的，过分依赖会导致别人的远离。在我看来，无论是需要别人还是渴望被别人需要都是为了实现自我价值，需要别人是"索取感"，被别人需要是"价值感"。

很多人际关系问题都是"索取感"和"价值感"不平衡导致的。所以，在与人交往时要适度调整"索取感"和"价值感"。

2

我的一位朋友曾给我讲过一个有关他妈妈的故事。

朋友的妈妈非常能干，总是把家里打理得井井有条。一次朋友的妈妈有事要回一趟老家，需要离家几天，走之前她不仅准备好了几天的饭菜，还再三交代家里的各项事宜，如衣服放在哪里，记得要关好煤气，洗衣服要放多少洗衣液等。

朋友的妈妈走的几天里，生怕家里的父子俩吃不好睡不好，时不时地打电话回家叮嘱他们好好吃饭，睡前锁门。因为平时妈妈在家里管得很严，所以妈妈一走，朋友和他的爸爸就好像解放了一样。每天躺在沙发上吃零食看电视，零食袋子就扔在茶几上。吃完饭也不收拾厨房，没两天厨房就变得一片狼藉。几天下来，家里已经变得乌烟瘴气。

有一大，他们接到妈妈的电话，说要提前一天回家，并且已经在路上了。朋友和他爸爸为了不被唠叨，就迅速行动起来，把家里收拾得干干净净。

当朋友的妈妈进门时，发现家里窗明几净，和她离开前并没有什么两样。朋友的爸爸说了一句："你看，就算你不在我们也一样过得很好呢。"朋友的妈妈听了这句话，脸上浮现出一丝失落，她默不作声地回了房间。

朋友和爸爸感到很纳闷。他们表现得这么好，为什么妈妈会不高兴呢？过了好一会儿，他才明白，原来是爸爸的那句话惹了祸。爸爸的本意是向妈妈证明自己和儿子这几天表现很好，没有把家里弄乱。但是，妈妈却觉得自己不在家，丈夫和儿子依然过得很好，自己这个妻子和母亲已经不再被需要了！

意识到了这一点后，朋友和他的爸爸把房间的衣服弄乱，大声喊妈妈帮忙找衣服，晚饭时也嚷嚷着让妈妈做好吃的。朋友的妈妈一脸嫌弃地忙来忙去，却抑制不住嘴角的笑容，她得意地对儿子和丈夫说:"你们真是我的一对活宝,离了我什么都做不好。"朋友和爸爸也笑了起来。

朋友的妈妈虽然忙碌却感到很幸福,因为她被家人需要,"被需要"的感觉让她找到了自己的价值,让她感受到自己在家人心中的重要性。**对于关爱我们的人来说,我们的"需要"可以满足他们的"被需要"的感觉,被我们需要的感觉对他们来说非常重要,他们不希望被我们遗忘。**

3

当朋友心情不好或遇到困难时,我们关心对方,对方却不说原因,这时我们会觉得自己对对方来说是一个无足轻重的人。因为少了"被需要"的感觉,我们就会开始患得患失,直到对方告诉我们原由,我们才能感到放心,并意识到原来我们还是好朋友。

恋人之间也常常发生这样的误会,一方太能干太独立,另一方就会觉得自己可有可无,怀疑自己在这段关系中的价值和存在的意义。不论是在友情还是在爱情中,存在这种患得患失的心理都是因为价值感没有得到满足,不被对方需要让我们对自己产生了怀疑。

无论在哪种人际关系中,我们都渴望被需要。"被需要"可以证明我们在对方心中的重要程度,也可以证明我们在这段关系中的位置和价值。

在当今社会中,似乎每个人都是一个孤独的存在,人与人之间的联系变得冷淡而脆弱，所以我们更加渴望"被需要"的感觉。正因为如此，"需要帮助"有时候也是一种善意，"被需要"让我们知道，自己没有被遗忘。

在人际关系中，"互相帮助"就是最好的关系状态，不需要顾虑，不需要因为请求别人帮助而感到不安，因为我们需要对方，对方同样需要我们。如果闭上眼睛不去深究生活的意义，"被需要"其实就是最好的答案。

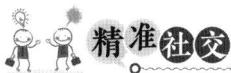

精准社交

> 无论在哪种人际关系中，我们都渴望被需要，"被需要"可以证明我们在对方心目中的重要性，也可以证明我们在这段关系中的位置和价值。

不互相帮助，关系也就无从建立

1

人与人之间彼此温暖、互相帮助，关系才能更加亲密。只要不是太过分的事，都可以放心地去请朋友帮忙。朋友之间，最怕的就是你不理我，我也不理你，很多朋友关系就是这样慢慢变得生疏，直到彼此再也无法亲近。

人生在世，谁都不可能一直顺风顺水，总会遇到困难。遇到困难时，主动向身边的人求助，其实是一种了不起的人生智慧。因为每个人都有"被需要"的需求，所以只要不是太麻烦的事，别人一定愿意伸手帮一把，毕竟帮助人也能得到快乐。

从专业的角度上看，我们眼中的难以解决的问题，对别人来说也许就如同探囊取物一样简单，因为"会者不难，难者不会"。俗话说"术业有专攻"，每个人擅长的领域不同，只有愿意向别人学习，愿意请教别人的人才能取得更大的进步。

向别人求助，其实也是在扩展自己的人际关系网，开阔自己的眼界，让自己变得更优秀。如果不愿意请别人帮忙，就意味着要独自承受挫败和痛苦，还意味着内心的孤独和封闭。请别人帮忙也是一种交流感情的方式，只有你来我往才能让感情变得愈加深厚，互不打扰，就无法建立良好的关系。

2

《礼记·曲礼上》有云："礼尚往来。往而不来，非礼也；来而不往，亦非礼也。"

请别人帮了忙，我们要懂得感恩，因为好的人际关系从来都不是单向的，只有心怀感恩，彼此帮助，关系才能长久。

胡适和陈寅恪就是礼尚往来的关系。陈寅恪应聘英国的牛津大学的教授职位，胡适帮他写了一封长信，打消校方的疑虑，使陈寅恪成功应聘。后来，陈寅恪生病无钱医治，尽管胡适当时已经不担任驻美大使了，薪水微薄，但是依然给陈寅恪寄了1000美元医疗费。

面对胡适的帮助，陈寅恪也投桃报李，胡适竞聘文化院院长时，他特地跑到重庆投了胡适一票。两个人在学术交流上也是有求必应，成就了一段佳话。

要建立好的人际关系，一定要和别人互相帮助，一方付出，另一方回报，这样关系才能融洽和长久。

有的人因为一件小事请别人帮忙了，感觉欠下了人情，就想立刻回报别人，甚至用物质补偿的方式来回报对方，有时候这样做会适得其反。其实，我们请别人帮忙时，欠的是人情。人情是不能用物质来衡量的，所以我们一定要牢记在心里。

请别人帮忙时还要懂得分寸，自己能轻易做到的小事就不要让别人做。明明自己能做到的事，还要"使唤"别人，这样只会令人厌烦。

我的朋友小晴在日本留学，她遇到了一件烦心事：国内的朋友、同学不断让她帮忙代购东西。一次两次还好，但是次数多了小晴感到很烦。有的商品购买地点离小晴的学校很远，去购买需要花费很长时间，有的商品因为折扣力度不同，与网上的价格存在差别。有的朋友请代购，却不事先把代购款给小晴，还让小晴帮忙垫付，有的朋友收到代购的东西后只给购买商品的钱，不给邮寄费用。这一系列的麻烦，已经严重影响了小晴的生活。

有一件事，让小晴决定彻底远离那些没分寸的朋友。事情是这样的：小晴给国内的一个朋友代购了一套护肤品，由于不是专业代购，她没有过多关注各大商场的折扣，所以没有以最优惠的价格购买。为此，小晴向这位朋友说明了情况，并把购物小票一并寄给了朋友。

但是，那位朋友收到东西后给小晴发了一条信息："你买的比网上的价格贵多了，早知道我就找专业代购了，运费也更便宜。"小晴看到这条信息后，简直气不打一处来，她觉得自己好心好意帮了忙，朋友不仅不感恩还怪她不够专业。这件事发生以后，小晴在朋友圈发布了一条状态："不承接代购业务，勿扰！"小晴下定决心不再与那些专门找她代购的朋友来往了。

自己能找到代购却要麻烦朋友，还埋怨朋友帮忙买的价格不够优惠，小晴的这位朋友实在是太没有分寸感和界限感了。她不明白麻烦别人也要有分寸，她的"越界"行为让小晴不愿与她来往，让朋友间的关系就此破裂了。所以，我们在麻烦别人的时候一定要掌握尺度，尽量不要给对方带来困扰。

3

伊斯兰诗人鲁米说：**"伸开双臂，如果你还想被拥抱的话。"**如果我们渴望与人交往，就要勇敢地打开自己的双臂，接受别人的帮助。因为，**互相帮助是社交的动力和源泉。**

人与人之间的关系很复杂，其中必然还夹杂着一些私心，但是只要关系真正建立起来了，真诚也会随之产生。相反，不与别人交往，把自己封闭起来，心中的孤独和黑暗就会被放大。

我们都喜欢小孩子，我们会被他们的坦率和真诚所感染，因为他们做什么都是理直气壮的，饿了要吃、困了要睡。不高兴了要哄，难过了就哭，开心了就笑，他们所有的反应都是自然而发自内心的。孩子从来不怕接受父母的帮助，父母也不会因为孩子的要求而嫌弃孩子，相反，父母会把孩子的事情看成一种甜蜜的负担，孩子和父母的亲子关系也会因为各种互动而变得更加紧密

如果我们要想拥有良好的社交关系，就应该更坦率、更热情，我们要试着鼓励自己，伸出双臂试着去接受别人的帮助，然后在与别人的互动中感受这种社交关系带来的爱和温暖。同时，我们也要鼓励身边那些总是很独立，遇事不愿意请别人帮忙的朋友，大胆地去社交，并且要主动帮助他们走出封闭的世界，拥抱更广阔的人际关系。

精准社交

> 如果我们想真正拥有良好的社交关系，就应该更坦率、更热情，我们要试着鼓励自己，伸出双臂试着去麻烦别人，然后在与别人的互动中感受这段关系带来的爱和温暖。

摆脱冒充者综合征：
提高自己的关系"配得感"

如果，
你有一颗强大的心，
就不会害怕得到，
因为你值得拥有最好的一切。
你不必害怕失去，
因为你足够强大，
任何困难都不能让你退缩，
你更不必害怕向别人求助，
因为无论别人拒绝与否，
你必须坦然接受。

什么是冒充者综合征

1

冒充者综合征也叫作自我能力否定倾向，是保琳（Pauline R. Clance）和苏珊娜（Suzanne A. Imes）在1978年发现并命名的。自我能力否定倾向者认为自己并不是他人所想的那样有能力的人，当他们取得成功以后，会把成功归结于其他因素（如幸运或良好的社会关系），而不是他们的自身的能力。

很多人不敢在社交上迈出第一步，遇到问题不敢请别人帮助，就是因为他们具有自我能力否定倾向。他们认为自己不配得到别人的帮助，并且不相信别人会和自己建立良好的关系。所以，要想不怕开口向别人求助，就不要否定自己的能力。

我有一位姨妈，她温柔善良，为人通情达理，是所有认识她的人心目中的贤妻良母。姨妈几十年如一日地默默承担着家里的一切家务，把家里收拾得井井有条，把儿女和丈夫照顾得无微不至，也很舍得为他们花钱，可姨妈唯独舍不得对自己好一点儿。

夏天吃西瓜时，姨妈会把西瓜里不是太甜的边缘部分给自己吃，把最甜的部分留给家人。即使家人心疼姨妈，不让她这么做，她也依然坚持。吃鱼时，姨妈总是第一个把鱼头夹进自己的碗里，还说鱼头最美味最有营养。姨妈的女儿，也就是我的表姐开玩笑说："鱼头这么好，就给我吃吧，我要加强营养。"可是姨妈又说："你多吃肉吧，肉里的蛋白质更多。"总之，无论吃什么东西，她都会把最好的留给家人，把最差的留给自己。

在花钱上，姨妈同样如此，给表姐和姨父买东西非常舍得，可是自己好几年都不买一件新衣服。

一次，表姐给姨妈买了一件新羽绒服，姨妈说："给我买衣服干什么？你还年轻应该多打扮自己。"

还有一次，姨父带姨妈去商场，想给她买一个戒指，其实姨妈家的经济条件还是很不错的，但是她选来选去，却选了最便宜的那个。

姨父说："这个太小了，换一个吧。"

姨妈却不肯换，她说："哎呀，我都这么大年纪了，戴大的不合适，我是个家庭主妇，这个戴在我身上浪费了。"

姨妈总是这样自我否定自己，她认为只有自己足够好，才能得到更好的东西。姨妈总是那么精打细算，总是给自己买最廉价的东西。因为，她从小受到的教育就是牺牲和奉献，总是习惯于把好的让给别人，把不好的留给自己。

其实，姨妈的这种行为让表姐和姨父的心里都很不好受，他们为姨妈的牺牲和奉献感到愧疚和不安，姨妈的付出没有让家人感到幸福和快乐，反而让他们感到难过。表姐和姨父都希望姨妈能自私一点儿，对自己好一点儿。

对自己好一点儿，不一定是要给自己买贵重奢侈的物品，而是要对自己多一些爱和欣赏，不因为外在条件而看低自己，不为讨好别人而委屈自己，相信自己值得拥有更好的。

我们给自己买贵的东西、对自己好，不代表我们要挥霍和浪费，而是因为我们值得拥有这份美好。我们要清楚自己的价值，不要轻易委屈自己。只有相信自己值得拥有更好的，才能越活越自在幸福。

2

当我们相信自己值得拥有更好的，就不会随便敷衍自己，会对自己产生更多的爱意，也会更自信。当我们自己相信自己时，别人自然会相信我们、帮助我们。

相信自己拥有更好的，让我们在向别人求助时更加有底气，因为我们相信别人一定会帮助我们，我们相信自己一定有能力偿还欠下的人情债，也相信对方会在和我们的互动中对我们产生信任和好感，我们一定能和对方建立一段和谐的关系。因此，我们必须相信自己值得拥有更好的。

一个患有冒充者综合征的人心中会产生自我怀疑和自我攻击，从而降低自己的生活质量，为自己的社交制造障碍。

为了让自己相信自己值得拥有最好的，我们可以从小事做起。例如，时不时给自己送一份小礼物，或者为自己选择更好更贵的东西。这并不是虚荣的行为，而是在帮助自己突破心中那道障碍，让自己体会拥有的感觉，让自己的内心深处获得"值得拥有"的感激和喜悦。

此外，我们还要告诉自己，不要再将就和委屈，遇到问题请别人帮助没什么大不了。把自己值得拥有更好的作为自己的处事标准，时时刻刻都记得对自己更好一点儿。慢慢地，我们会发现自己的人际关系和生活工作都会进入新的高度。

其实，我们所有的小气、羞愧、不好意思以及不愿开口向别人求助，都是患有冒充者综合征造成的，这种心理让我们封闭自己，对别人的示好也采取退缩的态度。

3

相信自己值得拥有更好的，能给我们带来更多的喜悦和满足，并且能把这份喜悦和满足传达给周围的人，让自己走出自我封闭的阴影。不过，在试着摆脱冒充者综合征之前。我们首先应该测试一下自己的状态。

下面有几个问题，大家可以拿出纸笔，对照问题进行自我评价：

◎问题一：**你可以拥有多少财富？**

到目前为止，在你自己的心目中，你觉得自己可以拥有多少财富，把答案用笔写下来。

◎问题二：**你应该穿什么样的衣服？**

列举出你认为自己值得或者喜欢穿的服装品牌，或者描述出自己喜欢和认为值得的服装品质和风格。

◎问题三：你值得住什么样的房子？

你觉得自己这辈子应该住什么样的房子呢？可以分阶段写下来，如现在应该住什么房子？五年后应该住什么房子？十年后又应该住在哪里，那时的房子又会是什么样的？

◎问题四：你应该开什么样的车？

在你的期望中，什么样的车是符合你气质的？你可以分层次写，如现在应该开什么车？等钱再多一些，应该换哪辆车？需要注意的是，你必须诚实地写出真正符合你内在感觉和期待的东西。

◎问题五：你值得拥有什么样的伴侣？

如果你还没结婚，可以大胆想象一下，你未来的另一半会是什么样子，对方的学历、工作、长相、收入和性格如何，想象得越具体越好。如果你的身边已经有了另一半，就可以写一写对方会怎么对待你。例如，她/他早上为你做了早餐，你认为这是不是你值得拥有的。

这个问题的目的是让你考虑一下自己值得什么样的伴侣，并把所有的条件具体化、形象化。

◎问题六：你应该拥有一份怎样的工作或事业？

你认为自己应该做一份什么样的工作，工作的收入是多少？你可以这样写："我值得拥有一份年收入50万元的工作；我值得拥有在一家玩偶公司做设计师的工作，五年后我会拥有一家玩偶公司，年收入达到100万元，实现财务自由。"

◎问题七：你值得拥有多少私人时间？

私人的、完全不被打扰的时间对每个人来说都是十分珍贵的，也是每个人都渴望得到的。那么，你想拥有多少完全属于个人的私人时间呢？就拿我自己来说吧，我觉得自己值得拥有每个月三天的自由时间，在这段时间内我可以不被任何人打扰，可以随意地做自己想做的事情。

◎问题八：你值得拥有一个什么样的孩子？

不管你有没有孩子，都可以把你的想法写下来，可以具体描述这个孩子的性格、长相等。

◎问题九：你值得拥有一个什么样的形象？

你可以把你认为的、和自己相符的形象写下来。例如，你认为自己值得有一头美丽的秀发、光滑白皙的皮肤或者健康苗条的身材。

4

当我们做完上面的检测后，可以再认真地把自己的答案看一看，然后问问自己，为什么我值得拥有的房子只有这些平方米？（具体多少平方米根据自己所写的答案而定）为什么我不能拥有更大、更好的房子呢？通过与自己的对话，我们可以弄清楚自己为什么自我否定。

心理学家发现这样一个有趣的现象，如果一个人认为自己不配拥有优秀的伴侣，那么他就不会找到让自己满意的另一半。如果一个人认为自己不配拥有和谐的婚姻关系，那么他的婚姻状况就会呈现出不稳定的状态。我们生活中的所有表象，都和我们的内在"配得感"紧密相关。

每个人的成长背景和心理状态都不同，所以患有冒充者综合征的程度不同，对于如何提升"配得感"，也没有一个放之四海皆准的方法。但是我们可以通过每天的日常生活去观察自己的"配得感"是什么样的。例如，我们去商场买东西时，首先考虑的是自己的喜好，还是商品的价格？如果，我们首先注意的是商品的价格，就说明我们的"配得感"还有提升的空间。我们可以通过一系列的实践去让它提升。例如，我们可以带着比平时出门带的钱多好几倍，去商场试穿那些我们真正喜欢的衣服，去体会穿上那些衣服的感觉。就算此时还无法下手购买也没关系，我们可以礼貌地对店员说谢谢，然后再去试穿另一件平时舍不得买的衣服。

通过这样的实践，我们可以体验拥有平时舍不得买的商品的感觉。这个实践可以有效地帮我们克服心理障碍，提升自己的"配得感"。如果在试穿一件衣服时，我们的"配得感"得到了很大提升，也认为自己值得拥有它，不妨把这件衣服买下来送给自己，因为我们确实值得拥有它！

拥有"配得感"能让我们真正活在当下，自在地享受自己的人生，不错过每一段美好的关系，不拒绝每一个拥抱。每个人都要有"配得感"，因为我们值得更好的人生，值得被爱，值得拥有更多，值得更多的可能性。

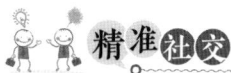

精准社交

拥有"配得感"能让我们真正活在当下，自在地享受自己的人生，不错过每一段美好的关系，不拒绝每一个拥抱。每个人都要有"配得感"，因为我们值得更好的人生，值得被爱，值得拥有更多，值得更多的可能性。

情感联结，维护友谊的小船

1

中国有一句俗语，叫作"平时不烧香，临时抱佛脚。"这句话是讽刺那些急功近利的人，平时没有烧香拜佛的习惯，有事了才想起求神拜佛，这种"临时抱佛脚"的行为当然是没有效果的。

这个道理放在社交中也是一样的，有的人平时对朋友不闻不问，有事要求人时才想起来联系对方。如果我们的朋友这样对我们，我们心里一定会很不痛快。千万不要做一个有事才联系的人，要懂得"冷庙烧香"，平时多跟朋友联系，交流感情，当需要朋友帮忙时，朋友自然也会心甘情愿地帮忙。

当今社会上，有很多急功近利人，只看到眼前的利益，不愿意用心经营一段关系，也不愿意为朋友付出，这样的人眼中只有自己。还有一些趋炎附势的人，在朋友境况不好、陷入低潮时选择远离，甚至落井下石，一旦朋友东山再起，他就会自觉地凑上来，这样的人会让人敬而远之。

但是还有一种人，既不是急功近利，也不是趋炎附势，他们只是习惯了封闭自己，不主动和朋友联系，哪怕心里很在意朋友，也会表现得很淡漠、疏离。在他们的心中，主动联系朋友，就是打扰朋友，所以他们一般不会主动联系朋友。

我的邻居老张就是这样的一个人，他平时总是待在家里，老伴劝他多和同事朋友走动走动，他却说："我这个人又不会说话，跟他们聊不到一起去，就不打扰别人了。"

老张最近遇到了难题，儿子上大学需要一笔钱，而老张手头紧张拿不出来，老张想到了自己的一个老同学老李。老李现在做生意，赚了不少钱，可以帮得上忙，而且老张和老李既是同学，又在一个单位工作过，两个人过去的感情很好。

可是，自从老李经商以后，老张就很少主动与他联系。上次联系还是两年前老李的儿子结婚，老张去参加婚礼。两人寒暄了几句。去年，老李的妻子住院，老张也没有去看望。为此老伴埋怨老张，说他不该这样，可老张却认为自己和老李不经常联系，贸然上门的话会打扰别人。本来是好朋友的两个人，却因为老张的"不好意思联系"而变得疏远。

老张最终也没有找老李帮忙，因为这么久没联系，一开口就是找对方借钱，老张实在开不了这个口。如果老张平时能和老李多联系，相信这次的忙老李一定愿意帮。虽然这么说很功利，但是这件事也从侧面反映了，只有平时多和朋友联系，彼此间的感情才能够长久保鲜。

2

人生中每份情谊都很难得，特别是年轻时交的朋友，那种真挚的友谊失去后可能就不会再有，所以我们一定要珍惜，要与朋友保持联系。建立一段关系很不容易，但是结束一段关系的方法却很简单，那就是：不联系！

一份情谊在不同的时期也有不同的意义，青年时代的友谊真挚动人，患难之交贵比黄金。有时候我们不经意的关心和支持，对朋友来说就是雪中送炭，朋友也一定会记得我们和他们之间的这份情谊。

在朋友落魄时，我们也不应该疏远和漠视对方，因为人生的机遇不会总是一成不变，有低谷就有高峰，我们交朋友的眼光应该放得长远一些，不要因为眼前的机遇就对朋友另眼相待，而是要一如既往地对待对方。这种高尚的品格，也是做人的智慧。

日本前首相田中角荣就是一个充满智慧的人，他的成功当选离不开"田中派"的鼎力支持，而"田中派"的形成也和田中角荣做人处事的态度分不开。

在担任自民党干事长时期，田中角荣就很注重和各个党派之间的关系。每次选举结束后，他除了向当选的党派表示祝贺以外，还不忘向竞选失败的党派表示慰问，他从来不会无视在任何一场选举中失利的党派。

田中角荣的行为让那些落选的议员们深受感动，他们都对田中角荣十分感激，并且把这种感激之情变成了对田中角荣的支持和拥护。随着支持田中角荣的议员越来越多，"田中派"就慢慢形成了。

田中角荣对待议员的态度始终如一，并不会因为竞选失败就冷落，也不会因为成功而谄媚，所以他在议员们心中就是一个真诚可靠的人，所以议员们都选择支持他。如果田中角荣当时选择漠视失败的议员，只祝贺成功的议员，那么他在别人心目中就会成为一个势利小人，议员们也绝不会选择支持他，"田中派"就更不可能诞生了。

田中角荣的故事告诉我们，心里装着别人的人，自然会得到别人的帮助和支持。不因为一时的境遇而对别人区别对待的人，才会得到别人发自内心的尊重。我们对待朋友的态度要一以贯之，不能因为他一时失势就冷眼旁观，而是要把目光放得更长远，用心去经营这段关系，珍惜这段情谊。

"闲时多烧香，忙时有人帮。"只有把朋友真正装在心里，在行动上多关心朋友，才能让友谊维持得更长久。也不要怕打扰朋友，只要我们的关心是出于真心，朋友一定能感受到。要知道，我们认为的打扰，在对方眼里也许就是关心和支持。不打扰、不联系，才是对朋友的伤害！

3

那么，应该如何与朋友保持联系呢？我们可以从以下几个方面入手，与朋友多联系、多交流感情。

◎有时间就主动联系朋友

如果我们有时间，不妨主动和朋友联系一下，打个电话或发条信息，哪怕只是随便聊聊，也能在无形中拉近和朋友的关系。当今社会中，大家的的生活节奏和工作节奏都很快，压力也很大，平时没有多少时间交流感情。我们的一个电话和几句问候，说不定能带给朋友一些安慰，再一起吐槽几句，心中的压力或许能够得到释放。

不过，我们主动联系朋友的时候，要注意不要打扰对方的正常工作，尽量在下班或休息的时候联系对方，和对方聊轻松的话题，既交流了感情，也放松了心情。

◎多参加朋友聚会

一些不熟悉的人组织的聚会或者工作上的应酬，我们不想去可以推掉。但是，好朋友组织的聚会，如果不是真的忙到走不开，就要尽量参加。虽然我们每个人的工作和生活中都有很多事情要处理，但我们可以把朋友聚会当成一种放松的方式。

简单的聚会不会花很长时间，朋友间的聚会一般来说也会比较轻松，而且通过聚会不仅能掌握朋友们的近况，也许还可以了解更多信息，产生新的想法。

◎主动约朋友小聚

如果和朋友有一段时间没见面的话，我们可以主动安排时间和朋友小聚，如约朋友喝下午茶、吃晚餐、逛街或者看电影。有的朋友平时没有很多机会见面，也不常联系，但聚在一起就会有说不完的话，时不时的小聚就是和他们交流感情的方式。如果你身边也有这样的朋友，你要主动邀约，和朋友隔一段时间见个面，见面的频率可以是两三个月一次，也可以是半年或一年一次，这要根据每个人的情况而定。

◎留意朋友的动态，经常主动关心朋友

现在的网络十分发达，很多人会通过社交媒体把自己的状态发布在网上。我们可以很方便地了解朋友的近况，如果朋友发表了动态，我们可以主动关心和问候，让朋友知道我们关注

着他，而且把他放在了心上。

◎**想到就去做，不留遗憾**

有时候，我们会突然间想起某位朋友，想去看望他或者给他打个电话，却因为各种原因而耽搁了，等下次想起来已经过了很久。所以，当我们想起朋友的时候，就应该马上联系。当我们想去看望朋友的时候，就应该立刻动身。和朋友的每一次相聚都是缘分，我们应该珍惜，想到就去做，不要让自己在犹豫和顾虑中留下遗憾。

◎**联系不需要很频繁，但要有心**

其实，和朋友不必天天联系，但是一定要有心。真正的朋友即使很久不联系，彼此的默契和感情也不会改变，因为他们的交往是真诚的。与朋友联系不需要很频繁，适度联系也可以维系感情，但前提是真诚和用心。

主动联系、主动关心，并不是打扰，而是我们对朋友的爱，对待朋友应该用心和真诚，不要做一个有事才联系的人，因为只有和朋友联系才能感受到彼此之间的支持和关心。

精准社交

> 只有把朋友真正装在心里，在行动上多关心朋友，才能让友谊维持得更长久。也不要怕打扰朋友，只要我们的关心是出于真心，朋友一定能感受到。

跳出自尊舒适区

1

过去，我和很多人一样，都认为"求人不如求己"，希望自己能十项全能，能自己解决所遇到的所有难题。但是，事情往往是事与愿违，我发现自己总会遇到一些自己搞不定的难题，现实告诉我："必须向别人求助。"

很多人都信奉"万事不求人"的原则，认为请求别人的帮助就是自己的无能，开口求人是一件很没面子的事。其实，这样的观点是有些偏颇的。人与人之间互相帮助，这是正常的社会现象，也是人类生存的基础，绝不是"无能"和"没面子"。因此，我们在求人办事时要摆正心态，如果因为怕没面子不敢开口，或者放不下清高的架子，是很难办成事的。

想要求人办事，就要学会放下"面子"，把解决眼前的问题当成自己的首要问题。越王勾践卧薪尝胆的故事我们都听过，纵观历史上很多成大事的人都能够忍辱负重，因为他们都懂得，与眼前的难题比起来，"面子"的分量实在是太轻了。

20世纪80年代，美国著名企业家李·艾柯卡由于遭到猜忌，被老板罢免了福特汽车公司总经理的职务。面对这个沉重的打击，李·艾柯卡没有选择消沉下去，而是决心重新开始，再次闯出一片新天地。

眼光独到的李·艾柯卡拒绝了多家优秀企业递来的橄榄枝，选择了当时濒临破产的克莱斯勒公司，出任该公司的总裁。李·艾柯卡到任后首先实施了一项新政策。新政策规定：以品质、生产力、市场占有率和营运利润等因素来决定公司主管的分红。他告诉公司的各个主管，如果没有达到公司的预期目标，就要扣除25%的分红。同时，他还规定，在公司走出困境之前，最高管理阶层的所有人员一律减薪10%。

这项新政策推出后，有人赞成有人反对，反对派主要是公司的部分元老，他们认为李·艾柯卡的做法损害了他们的利益。但李·艾柯卡以身作则，他本人只象征性地拿了1美元的年薪，这一举动让反对他的人无话可说。

为了争取到政府贷款，帮公司走出困境，李·艾柯卡四处求人，不断接受国会各个小组委员的质询。其间，李·艾柯卡曾因为过度劳累，导致眩晕症发作，差点晕倒在办公室。但是，为了解决公司的困境，为了求人办事，李·艾柯卡把所有的一切苦都忍了下来。

最终，在李·艾柯卡的领导下，克莱斯勒公司走出了困境。1985年的第一个季度，克莱斯勒获得了高达5亿美元的净利润，李·艾柯卡也从此成为了美国商界的传奇人物。而他成功的秘诀就是：放下高傲的自尊，专注于解决眼前的困难。

放下面子和泛滥的自尊，勇往直前地为了目标而努力奋斗，才能解决问题，才能获得成功。所以，为了解决困难，我们有必要暂时放下自己的面子。

2

不管是在生活中，还是在工作中，很多事"成也面子，败也面子"，有的人为了面子不愿求人，还有的人在求人时，为了面子而发怒。这样做的结果就是，不但解决不了问题，还会得罪那些有可能会帮助我们的人。

如果，我们在求人时遇到了刁难，一定要先按捺住自己的火气，拿出真诚的态度，把解决问题放在第一位，让对方了解我们真正的目的和需要。而且，我们也不要害怕拒绝与挫折，一个人拒绝了我们，我们就去求另一个人，如果还是不行，就再找下一个人，我们总能找到一个愿意帮助我们的人。在求人的过程中我们要时刻牢记自己的目的：解决问题。只有这样，我们才不会被挫折打败。

不过，我们所说的"放下面子"并不是要表现得奴颜婢膝、低三下四。所谓的"放下面子"就是放下不必要的顾虑，克服恐惧的心理障碍，勇敢地跨出自己的"安全区"。

唐代诗人白居易16岁时到长安应试，他来到长安后向当时的文坛领袖之一顾况求助，希望对方能向其他大人物推荐自己。当时的白居易还是一个无名小辈，成名已久的顾况当然是瞧不上他的。顾况看到白居易的名字，还嘲笑他："长安米贵，居大不易。"

顾况并不愿意帮助白居易，也不想搭理他，但白居易还是坚持把自己的诗稿给了顾况，希望他能看一看。顾况随手翻开白居易的诗稿后，就被他的才华打动了。诗稿中有一首《赋得古原草送别》尤其出色，诗中的"野火烧不尽，春风吹又生"让顾况忍不住击节赞叹，他改变了之前对白居易的看法，赞道："有才如此，居亦易矣。"

顾况很欣赏白居易的才华，认为他是一个大有前途的青年，是值得自己帮助的，于是答应了白居易的请求，将他引荐给了长安的名人雅士。

白居易求人的态度是不卑不亢的，他并没有把自己放在很卑微的位置，也没有抛弃自己的尊严，而是用才华打动了顾况，堂堂正正地获得了顾况的帮助。

3

当我们向别人求助时，还应该想一想自己有什么地方值得别人帮助。向别人借钱，要让对方知道我们有偿还的能力；求别人介绍工作，就要向别人展示自己的工作能力；向别人求爱，应该让对方知道我们有哪些优点值得欣赏。求人不必低三下四，但要有自己的底气，否则就不是请求帮助，而是请求别人的施舍。

如果，我们是被请求的一方，也不应该狂妄自大，更没有必要摆出居高临下的架子。处于强势的一方，如果表现得平易近人、通情达理，反而能体现自己的修养和风度。而且，没有人能永远不求人，也许下次我们还会求到对方身上，所以即使无法答应对方的请求，我们也要对对方表示尊重和歉意。

向别人求助时，我们不单要克服恐惧、紧张、胆怯的心理，还要放下不必要的面子，勇敢地向别人说出自己的请求。并且，要保持不卑不亢的态度，向对方证明自己是值得被帮助的。求人帮忙，并不是一件丢人的事，我们要用正确的心态去看待这件事。

精准社交

　　我们所说的"放下面子"并不是要表现得奴颜婢膝、低三下四。所谓的"放下面子"就是放下不必要的顾虑，克服恐惧心理障碍，勇敢地跨出自己的"安全区"。

别让不好意思毁掉社交

1

天有不测风云，人有旦夕祸福，在我们的一生中，总会遇到一些单靠自己很难渡过的劫。这时，我们总是需要别人帮一把。我们毕竟是肉体凡胎，不是钢筋铁骨。就算是金刚铁骨的齐天大圣也有被如来佛压在五指山下的一天，也需要唐僧救他出来。无论是社会名流，还是无名之辈；无论是家产上亿的老板，还是为生活奔波的打工者；无论是睿智的学者，还是毫无学问的人，都是无法靠自己一个人在这个世界上生存的。

遇到难处就要会求人，不用"不好意思"。有时候，我们的"不好意思"和"倔强"反而会让自己陷入困境。

我的同学志斌就是一个非常不好意思开口求人的人，他之所以形成这样的性格，也是有原因的。志斌还在上学时，一次买东西忘了带钱，打电话给一个同学，请同学先过来帮忙把钱付了，可是那位同学却找理由拒绝了。这让志斌在收银台手足无措、尴尬万分，很没有面子。

从这件事以后，志斌跟那位同学的关系就淡了，他还在心里暗暗发誓，不论以后遇到什么困难，都不会再去求人。

工作以后，志斌也是任何事都亲力亲为，从来都不求助别人。遇到上交业务报告的时候，因为不愿意求人，他宁愿自己熬几个通宵一个人把报告做出来。出去开会忘了带文件，他宁愿自己跑很远的路回来取，也不愿请同事帮忙发一个电子邮件。

一次，志斌的父亲生病需要住院，但医院的床位很紧张，所以老人不得不住在临时病房里。志斌在给父亲办理入院手续时，碰到了一个小学同学，这位同学已经是医院的主治医师了。志斌虽然知道这件事，但他并不愿意向那位同学求助。

那位同学知道志斌的父亲在自己所在的医院住院后，就找到了志斌，责怪地问他："伯父住院没有床位，你为什么不告诉我呢？虽然我们医院床位紧张，但我可以把伯父介绍到同等级的其他医院去啊，那里的条件也很好，我还有熟人可以关照伯父，何必要去住临时病房呢？"志斌听了同学的话，心中感到有一丝后悔。

父亲生病的那段时间，志斌每天都很辛苦，白天上班，晚上还要到医院照顾父亲。父亲做大手术的那天，志斌几乎整晚都没有合眼，第二天早上到公司以后，他觉得非常疲惫。可令他意外的是，自己的办公桌上干干净净，邮箱里也空空如也，连一件待办工作都没有。

这时，同事小赵惊讶地问他："志斌，你怎么来上班啦！大伙都知道你爸爸生病的事了，也听说你爸爸昨天做了手术，我们想着你肯定一夜没睡，就把你的工作分掉了。你快回去好好休息休息吧！"同事的话让志斌很感动，他连连对同事道谢。

领导见志斌来了，把他叫到自己的办公室，很严肃地对他说："志斌啊，这就是你的不对了。我们大家既然是同事，又是朋友，就应该互相帮助。你家里有困难就应该直接说，不要不好意思开口。我和几个经理商量了一下，给你放一个星期的假，回家好好照顾你父亲，你自己的身体也要注意。"

领导的话让志斌既惭愧又高兴，他意识到自己的同事和朋友们都很愿意帮助他，他也很后悔没有早些向大家求助。

2

在我们身边有很多像志斌一样的人，即使已经身陷困境、焦头烂额，也不愿意开口向别人求助，总觉得开口向别人求助很没有面子。他们之所以会这样做，就是因为心存顾虑，担心别人拒绝自己，让自己下不来台。为了避免想象中的难堪，他们选择不开口，宁愿自己花费数倍的精力和时间去做一些费力不讨好的事。

像刘备和周文王这样的人尚且愿意屈尊求贤，我们作为一个普通人，遇到困难向别人求助又有什么不好意思的呢？为了让自己少走弯路，我们一定要学会正确求助别人。做好了心理准备，我们在求人时还要讲究方法。既要让别人心甘情愿地帮助我们，又要不让自己难堪。

在向别人求助时只要注意以下的三点，我们就能不吃"闭门羹"。

◎不怕拒绝

只要是求人，就有被拒绝的可能。我们自己首先要做好心理准备，别人帮不帮我们都在情理之中。所以，我们要坦然接受别人的拒绝，不要过分请求别人，也不要因为别人的拒绝而怀恨在心。做好了被拒绝的心理准备，我们就不会因为别人的拒绝而感到难堪。

◎态度谦恭

求人帮忙的态度要谦恭，说话要客气，不要摆出孤傲的架子，只有这样才能打动对方。必要的时候，我们还要适当抬高对方，以此达到请求帮助的目的。即使对方对我们很不客气，我们也不要针锋相对，而是要不卑不亢，保持自己的风格。

◎感情投资

找别人帮忙，肯定会让别人投入精力和时间。所以，我们要充分表达自己的感谢和诚意，请对方吃个饭或者送对方一份礼物，向对方表达我们的心意。如果条件不允许，我们也可以在事后补上，因为别人帮了忙，我们不能没有任何表示。这些做法，其实都是一种情感投资，这也是打动对方的一种方法。我们千万不要小看感情投资，它在人际交往中会起到很大的作用。

小说《三个火枪手》中有一句话让我印象非常深，这句话是"我为人人，人人为我。"我们活在世上不可能不求人，也不可能不去帮助别人，人与人之间的互相帮助，是我们人类克服困难、发展至今的必备条件。一个人的能力再强，没有别人的帮助也会举步维艰。所以，我们在遇到困难时，不用不好意思，只要懂得如何求助，我们就会发现得到别人的帮助其实很简单。

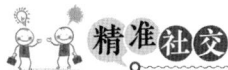

精准社交

　　一个人的能力再强，没有别人的帮助也会举步维艰。所以，我们遇到困难时，不用不好意思，只要懂得如何求助，我们就会发现得到别人的帮助其实很简单。

拥有被拒绝的勇气

1

"世事洞明皆学问，人情练达即文章"，怎样才算是世事洞明、人情练达呢？我想"察言观色"和"说话技巧"一定是两项最基本的技巧。遇到要求人的情况时，事情能不能办成，关键要看我们会不会说话，会不会"看眼色"。有时候，我们之所以被拒绝，就是因为我们做得不当。

只要了解了求助的对象，弄清对方的态度和意图，再结合自己的请求说出恰当的话，你就会发现，其实求人一点儿也不难。如果我们平时注意了解对方，注意拉近和对方的距离，把对方从陌生人变成熟人，再从熟人变成朋友。只要双方的关系到位了，我们再开口求人就会顺利得多。

机会都是留给有准备的人的，尤其是那些随时准备"厚着脸皮"求人的人。在求人的时候，"害羞"和"矜持"是毫无用处的，只会拖我们的后腿。很多人为了自己的面子，不愿意去当面附和别人，即使心里是这样想的，但行动上却做不出来。在我们开口求人时，这种"障碍"是必须要克服的。我们应该先把"自己"暂时放在一边，站在对方的角度考虑问题。

我们可以先谈论对方熟悉或者感兴趣的话题，并根据情况灵活应变。把胆子放大一些，把话说得好听一些，说到对方的心坎上，就能够迅速打开局面。有了好的开头，对方一定会愿意听我们继续说下去，这样一来，我们距离目标就又近了一步。

2

我曾看到过一个推销员的故事，他被拒绝后也不抱怨、不气馁，而是改变策略，再次向他的目标发起"进攻"。

汉克是一个推销员，可是他不太会说话，而且他推销的太阳能发电设备价格昂贵，用的人非常少，所以他的业绩一直很不理想。但是，这种设备只要卖出去一台就能获得很可观的利润，因此即使销售业绩不好，汉克也没有想过放弃，仍然不断地努力推销，他相信自己一定能成功地把这个产品推销出去，赚取不菲的佣金。

一次，汉克来到一家农场推销设备，农场里的农舍干净整洁，汉克看出这家农场很富有，农场的主人也具备相当的财力，他认为这家农场的主人就是他的目标客户。站在农场门口的汉克听到了鸡叫声，还看到成捆的饲料正不断运进农场，他推断这是一家大型养鸡场。

汉克走到农舍前敲了敲门，一位慈祥的老太太过来开了门，没想到一听说汉克是一名推销员，老太太就立刻关上了门。第二天，汉克又上门了，老太太看到又是昨天那个人，就准备关门。汉克急忙对老太太说："您好，我虽然是推销员，但我在附近的饭店工作，这次我不是要向您推销商品，而是想在您这里买一些鸡。"

老太太听说汉克是来买鸡的，就把门打开了。汉克接着说："我们饭店为了寻找品质优良的鸡，已经陆续看了好多个地方了。很多人向我推荐您农场里出产的鸡，他们说您的鸡是附近养得最好的。我能参观一下吗？"老太太听了汉克的话，爽快地答应了他，并带他到鸡舍参观。

汉克趁机和老太太拉起了家常，还聊了很多关于养鸡的话题。汉克不断夸奖老太太的鸡养得好，并向她介绍起先进的养鸡设备，老太太听了以后十分心动，汉克就顺势把自己公司的太阳能发电设备介绍给了老太太。有了发电设备，老太太的养鸡场里就能用上先进的养鸡设备了。

没过多久，汉斯的公司就收到了老太太的订单，又过了一段时间，老太太所在地区的农场主们也纷纷向公司订购设备。汉克出色地完成了自己的销售任务。

3

从汉克的故事中，我们可以看出，如何开口求人是一门大学问，怎样通过说话达到自己的目标也是值得我们钻研的。时机往往稍纵即逝，很多人因为准备不足而被拒绝，失去了达到自己目标的机会。所以，开口求人之前一定要仔细思量，只有这样我们才能做到心中有数。

我们不能打无准备之仗，开口之前要通过对方的言行举止，观察对方此刻的心情、性格特点以及喜好，再仔细斟酌自己的语言，以便掌握对方的心理，获取对方的好感。只要我们肯用心，不要过于急躁，就能找到突破口，让对方答应我们的请求。

此外，我们还要学会给自己留余地，不要把话说死，也许下次我们还会有求于对方。如果对方拒绝了我们，我们也不该恼羞成怒，而是应该再重新思考对策，也许下次我们就能说服对方。

例如，我认识一个特别擅长找人借钱的人，他每次开口找别人借钱时，都不会直接开口提"钱"，而是先说一些别的话题，他会从对方的反应中判断现在是不是借钱的好时机。如果他判断对方有可能会拒绝，就会先把借钱的事放在一边，等下次有机会时再开口向对方借钱，他这么做大家一般都不会拒绝他。如果这个人也像有的人一样，直接开门见山地开口借钱，恐怕就会被对方以各种理由拒绝了。

所以，如果我们在求人时，先不要急着抱怨对方，而是要检讨一下自己，看看自己说的话是否恰当，自己的态度是否谦恭。如果既想得到别人的帮助，又不愿意为此付出努力，那当然不会得到自己想要的结果。求人也要有的放矢，只有这样才有可能成功。若不注意自己的语言和态度，我们在求人办事时，肯定会遭到拒绝。

精准社交

> 求人也要有的放矢，只有这样才有可能成功。若不注意自己的语言和态度，我们在求人办事时，肯定会遭到拒绝。

高情商社交法则1：共情
——如果我是你，我需要什么

请求帮助，

是社交的开始，

但不是什么样的请求都能帮你赢得好的人际关系，

不恰当的请求只会起到反作用。

请别人帮忙时没有分寸，

或者不知感恩，

都会让别人心生反感。

涉及金钱和利益的请求，

会让社交变了味。

当小请求变成大问题时，

你离"孤家寡人"就不远了。

损人利己，最终都是损己

1

近年来"零和博弈"理论越来越受到重视，"零和"是两者相加等于零的意思。假设一个游戏中有两个参与者，一个是输家一个是赢家，输家输掉的那部分正好是赢家所得的部分。例如，游戏中输家的得分为−1.赢家的得分为1，那么（−1）+1=0，这就是所谓的"零和博弈"。

"零和博弈"体现的是一种竞争和对抗，双方必定要分出个输赢，而且其中一方获益，另一方的利益就必定要受损失，但是双方都没能在博弈过程中创造出新的价值。这个世界上很多地方都进行着"零和博弈"，不同的国家之间要争夺资源，不同的阵营之间有输有赢，所有的生意也都有赚有赔，整个世界甚至被看成一个巨大的"零和体"。

正因为如此，很多人认为世界就是一个弱肉强食的"丛林"，要获取任何东西都要靠掠夺，如果不侵占别人的利益，自己就会蒙受损失。在这些人眼中，人与人相处时，想"利己"就要"损人"，甚至在请别人帮助时也会抱着损人利己的思想。

但是，在社交中"零和博弈"思想已经被人们逐渐摒弃，人们更愿意把"双赢"作为目标，即保证双方的利益，共同获益。只有这样，人类社会才能减少"零和博弈"带来的内耗，才能共同创造出新的财富，实现共同发展。因为，无论是国家还是个人，都不是独立存在于这个世界的，我们的利益是共同的，人类的未来需要所有人共同努力。从长远来看，"零和博弈"对任何一方都是没有好处的。

所以，请别人帮忙不是损人利己，而是社交的需要。每个人都会遇到凭一己之力不能解决的问题，这时候就需要请他人帮忙，良好的人际关系就是在互相帮助中建立起来的。

如果我们在社交中做了损人利己的事情，实际上不会真正对自己有利。损人利己实际上是"零和博弈"，不是一种正确的掌控人际关系的方式。

企图让别人蒙受损失，以便达到自己获利的目的人，是不会有稳定而和谐的社交关系的。

2

说到"损人利己"我就想起了我的一个大学同学王涛，他是一个特别"精明"的人，无论做什么事都想一个人把好处占尽。他的这种习惯，让自己成为了班上人缘最差的人，就连毕业时都没有人愿意与他合影。

我记得快要毕业的时候，大家都在紧张地准备自己的毕业论文，同寝室的小张和小王都把自己的电脑带到了学校，寝室里的其他同学有时候会借用他们的电脑来查阅一些资料，小张和小王也愿意把电脑借给大家。借电脑的同学也比较自觉，从来不会长时间使用。但是，王涛从来不考虑别人，每次借用电脑都霸占很长时间，也不管小张和小王是不是要用。

一次，王涛又找小张借电脑，小张想着马上要毕业了，同学之间帮点小忙也没什么，就把电脑借给了他。同时，小张反复叮嘱王涛："我的毕业论文都在电脑里，千万不要把有病毒或者来历不明的U盘插在电脑上。"王涛说："放心吧，我知道了！"

王涛从电脑上下载了很多参考文献，他本来准备把文件传到自己的邮箱，但是学校的网速比较慢，传完所有文件要花很长时间。为了节省时间，王涛就不管不顾地把U盘插在了电脑上，把文件传到了U盘中。王涛经常在图书馆、网吧等公共场所使用那个U盘，他也知道里面很可能有病毒，而他为了自己方便，就把小张的叮嘱抛到了脑后。

晚上，小张回来后发现自己的电脑中病毒了，电脑中的文件完全无法打开，他确定当天只有王涛一个人使用过他的电脑。于是，他生气地质问王涛："你是不是把带病毒的U盘插到我的电脑上了，我不是跟你说了不能插U盘吗？"

王涛虽然自知理亏，但嘴上并不承认，他说："你凭什么说是我，也许是你的电脑自己出了问题呢？"

小张说："不可能，今天就你用了我的电脑。我的毕业论文还在电脑里，现在也打不开了。"

"你凭什么说是我弄的，你有证据吗？你自己的毕业论文没备份怪谁啊！"王涛不仅不承认错误，还继续狡辩。

小张不想再和王涛理论，拿着电脑气冲冲地出门了。小张花了几百元才把电脑修好。幸运的是，电脑中的数据都恢复了，否则小张能不能顺利写完毕业论文都是个问题。

王涛明知道自己的做法有可能给小张造成损害，但是他为了图自己的一时方便，就做出了损害别人利益的事，他的行为就是典型的损人利己。

王涛既借用了别人的电脑，又不想花时间传文件，他的这种想法是自私自利的。这种总想着自己的利益不顾别人的人，是不可能与别人长期交往下去的。因为对方也不愿意一直受损，一定不会维持这样的"友谊"。

3

求助本来是一种很好的拉近彼此距离、让关系更紧密的方法，但有的人却爱制造问题，专门做一些损人利己的事。这样的做法，不仅不能解决问题，反而会像我的同学王涛一样，毁了自己的人际关系。

我们不应该把社交当成一场"零和博弈"，不要做损人利己的事，我们应该在社交当中与朋友共同获益，彼此支持和帮助，只有这样才能精准社交。那么，我们应该如何避免"损人利己"的做法呢？以下几点可以供大家参考。

◎ **别把目光盯在自己的利益上**

如果一个人眼中只有自己的利益，那么他必定不会为别人考虑，做出的事也一定是"损人利己"的。眼中只有自己的利益，往小了说，是自私自利的表现，往大了说，就是格局太小，不懂得把目光放长远一些。

社交中还有很多利益以外的东西，与朋友之间的情谊，被需要的感觉，助人的快乐都是值得我们去追求的。而且，古往今来的无数故事都告诉我们，越是苦心追求利益，越是得不到利益。

◎造成损失要想办法弥补对方

如果，别人因为我们的事情蒙受了损失，我们一定要想办法尽量弥补对方。因为，对方是因为我们的事才受了损失的，我们决不能袖手旁观。例如，我的一位同事因为外出帮我办事而丢了500元钱，虽然他一再表示是自己不小心，但我还是坚决把500元给了他，因为我知道，这件事是因我而起的，如果他不是为了帮助我，也不会丢钱。

◎别耍小聪明

那些有好人缘的人不会耍小聪明，因为他们都知道耍小聪明吃大亏。耍小聪明、使小手段虽然能得到眼前的蝇头小利，却会搞砸自己的人际关系。耍小聪明的人都有一个通病，那就是把别人当成"傻瓜"，殊不知别人只是不愿意拆穿罢了。只有那些有大智慧的人，才能在社交中获得更多的帮助和利益。

想获得良好的人际关系就不要给别人找"大麻烦"，损人利己的事做多了，人际关系就会慢慢流失。为了眼前的一点利益，损失了宝贵的人际关系，实在是得不偿失。

精准社交

> 企图让别人蒙受损失，以便达到自己获利目的的人，是不会有稳定而和谐的社交关系的。

社交铁律：处理好感情和利益

1

古往今来，不合时宜的感情和利益都会产生一系列的纠葛，剪不断理还乱。所以，在社交当中，千万不要碰不属于你的感情和利益。

人与人之间一旦建立了关系，就会产生感情，无论是亲情、爱情还是友情，都是通过人与人之间的沟通和交往产生的。感情也是维护社交关系的重要纽带，这个纽带是最牢固、最紧密的。

不可避免地，人与人之间也会产生利益关系，有利益就会有矛盾和分歧，利益可以把双方联合起来，也可以让人际关系分崩离析。建立在利益基础上的社交具有很大的不确定性，当双方利益一致时，关系自然紧密，一旦双方的利益诉求不同时，关系就会分崩离析。

我认为，在社交中感情应该放在利益前面，因为感情一旦破裂就无法弥补，而利益永远都在不断变化。有的社交是以感情为基础，但掺杂了利益，当利益失去以后，还有感情可以维系双方的关系，而以利益为纽带建立的社交关系，是不会很长久的，一旦出现利益分歧，双方关系就会破裂。

所以，我们在社交中要以感情为基础，交往初期尽量不要涉及利益，请对方帮忙时也不要涉及金钱和利益。当我们的求助掺杂了金钱和利益，就有可能让关系变味。涉及金钱，有可能会让双方变成契约和雇佣关系，涉及其他利益，有可能让双方变成利益交换的关系，而无论哪一种，都是不稳定、不长久的社交关系。

2

要想精准社交，就要懂得感情才是人际交往中最重要的因素，而我们也应该想办法和对方培养感情。我们可以把求助变成一种情感投资，双方变成互助的关系。

对于这一点，我的朋友有切身的体会。前几年，她换了工作，刚刚进入新公司对各方面都不太熟悉。办公室的同事都很忙碌，而她却无事人一样坐在办公桌前，在忙得热火朝天的办公室里显得格格不入。

正在她如坐针毡时，当时的办公室主管张姐对她说："小李，你来帮我个忙吧！"她连忙说："好的，张姐。"张姐拿出一份员工信息登记表，对她说："正好你刚来还没什么事，帮我把员工信息补录完整，如果有缺失的信息，你可以找他们要。"终于有事做了，她松了一口气，对张姐说了一声："好的，谢谢。"

张姐让她补录员工信息，不仅给她找了件事做，还让她通过询问信息和同事熟悉了起来，她感觉自己一下子就融入了新公司。当时她还很庆幸，幸亏张姐这里还有点儿活让她帮忙，要不然她一个人坐着多尴尬啊！

后来，她才知道，原来张姐的员工信息早就登记完了，张姐看出她一个人坐在那里既无聊又尴尬，而且也不好意思和同事打招呼，就故意请她帮忙了一下，化解了她的尴尬，也让她跟同事搭上了话。

张姐的用心良苦让她十分感动，同时也是她在公司里的第一个领导，也是她的好朋友，后来张姐离开公司，她们的关系依然很亲密。张姐用求助帮她脱离了窘境，她因此对张姐产生了好感，后来知道原因后，她对张姐的细心和关注就更加感激了。

一个小小的关怀，就可以轻易赢得别人的好感，我们何乐而不为呢？其实，求助也是一种巧妙的情感投资，它不涉及金钱和利益，却让对方的内心感到温暖。在社交中，如果一开始就有人以拉近关系为由找你借钱，你一定会认为对方太过唐突，或者是别有用心。但是，情感投资式的求助就不同了，不仅能为双方关系打下基础，还能让对方欣然接受。

3

金钱和利益永远买不到真情，物质上的满足也填补不了感情上的缺失，所以，在社交中，情感投资远比利益和金钱更有效果。而且，情感投资如果运用得巧妙，还会有意想不到的收获。那么，我们应该怎样利用求助进行情感投资呢？

◎巧用求助为他人解围

上文中提到的张姐，就用求助帮别人解了围。我们也可以向张姐一样，借求助为别人解围，对方一定会记得你这份人情，而且也能为你和他的社交关系打下很好的基础。例如，当别人下不来台时，我们可以请他帮忙做一件小事，让他快速地从尴尬中摆脱出来。

◎求助别人时避免金钱往来

避免金钱往来有两个好处，第一个好处是防止发生纠纷，金钱上的往来是最容易发生纠纷的，而且涉及金钱的事情，对方一定会更加谨慎，有可能会拒绝帮助我们。第二个好处是方便我们下次"还人情"，如果有金钱往来，"还人情"的方式就是"还钱"了，没有金钱往来的话，我们可以以别的方式"还人情"，可以借机与对方加强互动。

◎求助时考虑对方的时间成本

时间就是金钱，这句话每个人都知道，但很多人只把自己的时间当成"金钱"，却不把别人的时间当回事。如果向别人求助，虽然不涉及金钱，但要花费对方很多时间，也是对对方利益的一种损害。

◎ 别让求助成为压力

我有个朋友上班总是迟到，于是她要我每天早上打电话叫她起床，刚开始我很乐意，也觉得这能让我们的感情更亲密。但是时间一长，我就感到了压力，因为我和她的上班时间不同，每天提醒她让我觉得有点儿累了，于是我买了一个漂亮的闹钟送给她。我这位朋友的求助就会让人感到有压力，这种求助就有些过头了。

　　社交的基础是感情，人际关系也要以感情为纽带才能长久地维系下去，所以，我们在社交中应该把利益放在后面，向别人求助时尽量不要涉及金钱和利益，要把感情投资放在第一位。

　　精准社交

　　　我们在社交中要以感情为基础，交往初期尽量不要涉及利益，请对方帮忙时也不要涉及金钱和利益。当我们的求助掺杂了金钱和利益，就有可能让关系变味。

精准社交，懂得讨好有道

1

　　建立自己人际关系的最大目的就是互相帮助，我们有困难的时候需要朋友的帮助，朋友有困难时也需要我们的帮助。在社交中，互惠互利是最高原则，也是人际关系建立的基础。如果我们一直"麻烦"别人，自己却不付出，那么朋友就会离我们远去。只有单方面付出的关系是无法长久的，要想建立良好的人际关系，我们就要明白一个道理：**欠的人情总是要还的，**

帮助也是互相的。

互惠互利是人与人交往的基础，如果没有与他人互惠互利的精神，我们将很难在社会上立足，也很难建立自己的人际关系。只有利人才能利己，别人帮了我们，我们要记在心里，当对方遇到困难时，我们应该主动伸出援手。就算帮不上忙，也要对对方表示关心与慰问，让对方知道我们记着对方的人情，也愿意报答这份人情。

都说"人情债最难还"，确实如此，因为"人情债"中不仅包含了物质，还包含了沉甸甸的情分，而人情往来的关键也是一个"情"字。物质是有形的，而"情"则是无形的，偿还朋友物质上的付出很简单，只需要付出金钱和时间就够了。但是，偿还对方的情分，就需要我们为对方付出真心实意。

所以，**"还人情"并不是简单的物质交换，而是以真心换真情，需要我们用一颗真诚的心回馈对方。** "为朋友两肋插刀"这句话不是口头上说说就可以的，当然，一般情况不会有那么严重，但是朋友有困难时我们不能装作看不见，或者为了"还人情"而敷衍对方。在互惠互利原则的影响下，我们不真心帮助别人，别人也不会真心帮助我们。

很多人觉得人际关系就是赤裸裸的利用，虽然表面上看起来确实如此，人与人之间的关系掺杂着各种利益。但我们不应该否定人与人之间的情谊，要知道感情上的交流和精神上的沟通在本质上也是一种互惠互利。所以，我们要正确认识"人情往来"，该还"人情"时就要真心地去偿还，别人"麻烦"我们时也要真心地给予帮助。

2

在生活中，朋友之间如果没有互惠互利，只有一个人单方面的付出，另一个人欠了"人情"也不想着还，那么两个人之间的关系就会产生不平衡，关系也会面临着破裂。

我的两个大学同学王娟和朱琳，就是因为"人情债"而让友情走到了尽头。她们两人毕业后恰好在一个城市工作。王娟毕业后很快找到了工作，而朱琳却在找工作时遇到了困难，而且感情上也遭遇了变故。王娟觉得于情于理，自己都应该帮助朱琳，于是她利用所有人际关系帮朱琳找了一份外企的工作。

当时，朱琳和男友分手了没有地方住，王娟就让朱琳搬到自己家里住。朱琳在王娟家里一住就是三个月，虽然王娟的家也不大，但是她尽量为朱琳创造了好的居住条件，直到朱琳找到合适的地方，她才搬出去。

后面几年，王娟一直对朱琳十分关照，朱琳的老公也是通过王娟介绍认识的。又过了好几年，王娟自己开了一家公司，她想把自己的儿子送到国外去留学，但是签证遇到了一些问题。王娟想起朱琳这些年一直在国外跑，或许有一些经验，于是她打电话给朱琳，想让他帮忙问问签证的事情。

朱琳满口答应了，但是过了好几周也没有消息，王娟只好再一次打给朱琳，对方却说忘了，又保证一定会帮忙，请王娟等消息。但是又等了一个月，眼看着申请时间就要到了，王娟只好去朱琳的家里找她，才发现朱琳已经出国了。原来，那段时间朱琳一直忙着自己出国的事情，根本没有关心王娟儿子签证的事。最让王娟心冷的是，朱琳走时也没和自己说一声，让自己儿子的申请时间全被耽误了。

朱琳的做法让王娟感到很难受，她觉得自己这些年的好心都被当成了驴肝肺，她自嘲地想：以后就当没有朱琳这个朋友吧！

相信很多人都有过和王娟同样的遭遇，我们帮助了某个人，对方却从来没有感恩之心，把我们的付出看成是理所当然。其实，我们不要求对方一定要偿还我们什么。但是对方至少应该记得曾经受到的帮助。

同样的，我们也不应该把别人的帮助看作理所当然，要知道，没有人有必须帮助我们的义务，愿意帮我们的人都是愿意对我们好的人。也许，对方从未想过要我们回报，但我们必须把人情记在心里，并在适当的时候回报对方。

③

人情是一定要还的，麻烦了朋友，我们一定要表示感谢，下次朋友麻烦我们时，我们也应该尽自己所能地提供帮助。那么，"人情债"到底应该怎样还呢？下面几点可以供大家参考：

◎**口头上立即表示感谢**

接受了别人的帮助，无论事情是大还是小，我们都要立即表达口头上的感谢，这一点是非常重要的。而且还要表达自己知恩图报的态度，例如，对对方说："以后有什么用得上我的地方，尽管开口。"

虽然，对方帮我们并不是求回报，但需不需要回报是对方的事，做不做、说不说却是我们自己的事。如果我们立即表达了我们的感谢和愿意回报对方的态度，对方心里也会感到很舒服，不会觉得自己白忙一场。

◎**分清对象，心中有数**

人与人之间有很大的区别，有的人非常大度宽容，本身也很乐于助人，帮助了我们也不在乎我们是否感激或回报。对于这样的人，我们除了要表达感激之情，还要把人情记在心里，但不必刻意地补偿对方，以后找到机会再及时帮助对方就行了。

还有一种人，是出于某种目的才帮助我们的，对自己的付出很在意，希望我们能回报他。对于这类人，我们不仅要表达口头感谢，还要在近期给予对方适当的物质回报或补偿，例如给予金钱作为酬谢金，或者帮他一个忙。这样的回报一定要及时，否则对方心里会有记恨。

◎**选择适当的方式还人情**

还人情的方式有很多种，最普通的一种就是请对方吃饭以表谢意，这样的方式比较自然。如果对方帮的忙不大，我们可以采取这样的方式，在谈笑之间表达感谢、交流感情。

还有一种方式是请对方出去玩，例如唱歌、看电影、郊游等，这种方式适用于关系比较亲近的朋友。好朋友之间的人情往来是很难用几句话说清的，所以一切尽在不言中。请对方出来玩，主要目的是表达自己的感谢。

第三种方式是在对方需要时，伸出援助之手。当对方家里有事，或工作上遇到困难时，我们要尽最大的力量去帮忙。这样的方式适用于好朋友和帮过我们大忙的人，如果对方对我们

"雪中送炭"，那么，我们怎么回报都不为过。而最好的回报就是，在对方需要时，提供帮助与支持。

最后一种方式，是给对方或者对方的家人送上礼品，用物质来还这份人情。这种方式适用于长辈或上级，一般来说，我们平时很难有机会帮上对方，所以送礼物表达关心和感谢也是一个很好的方法。

4

如何还人情没有一定之规，我们要根据情况灵活应对，但是，有几种方式却是绝对不可取的。还人情也有"三大忌"：

◎切忌"交换式"还人情

把人情关系当成生意和交换是大忌，有些人有种"不愿意欠人情"的心理，在这种心理的驱使下，人家帮他一次忙，他也要赶紧找机会帮人家一次，或者买点什么东西送给人家。这样做，会让对方觉得我们在急着与他撇清关系，所以，除非对方要求，我们不应该把还人情当成交换。

不要怕"欠人情"，有时候，互相欠一点人情，反而会让彼此的关系更亲密。只要我们把欠下的人情放在心里，总能找到机会回报对方。

◎切忌还人情时太生硬

有的人会把人情还得很生硬，例如，某人结婚时，同事给他随了礼，但同事已经结婚，也有了孩子，一时也没有什么事情需要随份子。但是这个人非要把人情还给同事，他就在春节时给同事包了一个红包，让同事感到十分尴尬而且莫名其妙。

所以，我们千万不要为了还人情而还人情，如果没有合适的机会，宁可先不还。

◎切忌心安理得欠人情

有的人没有欠人情的意识，欠了人情也很心安理得，不仅不想着还人情，对方需要帮助时也不理不睬，长此以往，就不会有人帮助他了。所以，人情是一定要还的。

我很喜欢美国文学巨匠海明威的一句诗："没有人是一座孤岛"，的确，人与人之间需要抱团取暖、彼此帮助，单方面索取是无法维持关系的。所以，欠了人情一定要还，麻烦也是互相的，只有在人情往来中，人与人之间的关系才会越来越有黏性。

精准社交

没有人是一座孤岛，人与人之间需要抱团取暖、彼此帮助，单方面索取是无法维持关系的。所以，欠了人情一定要还，帮助也是互相的，只有在人情往来中，人与人之间的关系才会越来越有黏性。

清晰的自我认知

1

令人不悦而不自知，是最让人厌烦的行为，它会让人在社交当中没有朋友。有时候，我也会碰到这样"不自觉"的人。

有一天，我正在忙工作，突然收到一条信息："能帮我写篇文章吗？"我看了看发信人，是一个平时不怎么联系的朋友。对方和我只是初中同学，我们只在同学会上说过几次话而已。收到信息后我并没有回复，对方又紧接着发了几条信息。

"你写作水平不是很高吗？顺便帮我写一篇啊，我把要求发给你吧。"

"在吗？怎么不说话！"

我心里一阵恼火，直接删除了这个人。我们在生活中一定都遇到过这样的人，在别人工作的时候接二连三地打扰，找别人帮忙态度还很恶劣，仿佛别人就应该给他帮忙一样。而且，他拜托别人帮忙的事明明是很烦琐，又很费工夫的，却表现出只是请别人顺手帮忙，完全没有自知之明。

这样的人就是令人不悦而不自知的人，相信所有人都会和我一样选择远离他们。这些人把别人的帮助当作理所当然，而且丝毫没有感恩之心，别人不帮他，他还会怀恨在心。这种处事方法，只会让自己的人际关系断光光。

平面设计师设计一个图标在他们眼中非常容易，律师看合同在他们眼中也是分分钟的事，医生安排床位就像吃饭喝水一样简单，这些人都应该顺手地、无偿地帮助自己，如果要报酬就是不仗义。

这些人之所以会令人不悦而不自知，是因为他们不尊重别人的劳动成果，也不在乎别人为了帮助她需要付出多少时间和精力，他认为这只是小事一桩，只要他开口，别人就应该答应，否则就是没人情味。

但是，这种吃力不讨好的事谁都不愿意做，时间一长，大家自然会远离这样的人，我们可以观察一下自己身边的朋友，像这种令人不悦而不自知的人，一定是人缘最差的那一个。

2

以人为鉴可以明得失，既然我们自己如此厌恶这样的人，就要时刻提醒自己，不要成为一个令人不悦而不自知的人。我们在求人帮忙时，千万不要得寸进尺，不要把别人的付出当成理所当然。别人帮助了我们，我们应该表示感谢，或者想办法回报别人。

我们还应该先搞清楚，自己拜托别人帮忙的事情到底需要耗费别人多少时间或金钱，是否应该开口请别人帮忙。另外，我们还要对别人的工作和职业有一定了解，不要想当然地认为某件事对别人很简单，尽量不要让别人为难。如果对方实在无法帮助我们，我们也应该表示理解和接受。

很多人遇到难题和困难后，第一反应就是找别人帮忙，习惯性地让别人去做。虽然，我们说适当地"求助"别人可以让彼此的关系更紧密，但如果求助时没有"度"，就会成为别人眼中的"麻烦精"和"伸手党"。而且，一旦养成了事事请别人帮忙的习惯，就会慢慢失去自己独立解决问题的能力。

还有一部分人做事很冲动随性，总是顾头不顾尾，不懂深思熟虑的人，总会留下一堆烂摊子。虽然他们没有主动麻烦别人，但是别人却不得不为他收拾烂摊子。试想一下，如果我们身边也有这样一位同事或朋友，我们会是什么感觉呢？恐怕内心一定是崩溃的吧。

还有一些人，把身边的人际关系视为可利用的"资源"，把依赖别人、麻烦别人当成一种"资源利用"和"资源分配"。人际关系的确是资源，但却不是可以随意"透支"的资源，不是大事或者自己做不到的事，就不应该轻易地麻烦别人。人际关系是一种稀缺"资源"，建立人际关系也不是一件容易的事，所以，我们应该珍惜自己的人际关系，不要随意麻烦别人。

3

要避免令人不悦而不自知，我们在平时的工作和生活中一定要注意几个方面。

◎自己能解决的小事就不要让别人去做

当我们遇到困难时，我们首先应该看看自己能不能解决。如果是自己能解决的事，我们就不要让别人去做，我们应该锻炼自己解决问题的能力，不要去依赖别人。即使这件事对我们来说有些困难，我们也应该自己试着解决，实在无法解决时再求助别人。

◎得到了别人的帮助要表示感谢

很多时候，我们令人不悦而不自知，就是因为把自己不当外人，请别人帮忙了还不表示感谢。或者把别人的帮助视为理所当然，不但不感谢别人，还认为这是别人应该做的。要避免令人不悦而不自知，我们就要及时对别人表示感谢。

◎**学会主动解决问题**

遇到问题，我们要学会迎难而上，主动解决问题，培养自己独立自主的能力。要知道，能力强，会解决问题的人一定会有好人缘。当我们习惯了自己解决问题，成为一个独立性强，能力强的人，别人反而会很乐意帮助我们，因为他知道，我们也有帮助他们的能力，帮助我们就是帮助自己。

◎**请别人帮忙要看关系深浅**

麻烦别人还要看对方与自己的关系深浅，关系不够就贸然请对方帮忙，就会显得太唐突。如果和对方关系还不够亲密，就不要请对方帮"大忙"，因为，此时我们对对方来说还没那么重要，还不值得他付出时间和精力。就算关系亲近的朋友也不能随意麻烦，再深厚的感情也经不起消耗。

如果不想让自己在社交中成为孤家寡人，在请别人帮忙时，就要"自知"，不要得到了别人的帮助还心安理得，也不要在不恰当的时候给人添麻烦。要做到心中有数，麻烦有"度"。

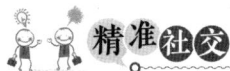

精准社交

以人为鉴可以明得失，既然我们自己如此厌恶某一类人，就要时刻提醒自己，不要成为一个令人不悦而不自知的人。

不勉强的关系，最长久

1

"己所不欲，勿施于人"的古训我们每个人都很熟悉，尊重他人，**自己不愿意做的事不应该强加给他人，别人不愿意做的事也不应该勉强。这不仅是礼貌和修养，也是维护人际关系的重要准则。**

但是，总有一些人在与别人相处时，不顾及他人的感受，把自己的想法强加给别人，强迫别人做一些不愿意做的事，把彼此的关系弄得很紧张。我们在麻烦别人时，如果别人不愿意，也不要勉强。即使对方在我们的要求下，勉强答应了我们，他的心里也不会很舒服，说不定以后都不愿与我们再来往。

小徐是一家公司的出纳，她每个月要给公司里的每位员工发工资，所以她知道公司里每个人的薪水是多少。一次，公司销售部的姜明找到小徐，对她说："小徐，跟你商量个事，你能不能告诉我，上个月我们部门的张强拿了多少奖金啊！"

小徐说："不好意思，公司有规定，我不能告诉你，你可以自己去问问张强。"

"张强不愿意告诉我，我才来问你的。这么点小事，你告诉了我也没关系，我不会告诉别人的。"姜明笑嘻嘻地说。

小徐很为难，她说："不好意思，我真的不能告诉你。"

姜明不高兴地说："亏我还把你当朋友，这么点小事都不愿意帮忙！"

小徐苦笑着摇了摇头，她宁愿姜明不把她当朋友。

与人交往的关键就是互相理解、互相支持，小徐出于自己的职业操守不愿透露其他同事的工资情况，但是姜明却不依不饶，他这么做只会让小徐为难。

也许有的人会说："我麻烦对方的都是一些小事啊，对他来说就是举手之劳，怎么算勉强呢？"抱着这种想法的人一定不会设身处地地为别人着想，他们没有想到，每个人都有自己的思想，有自己的难处，身处的位置和环境也不同，看问题的角度自然也不同。有些事在我们看来不值一提，但对别人来说也许就是不容违背的原则问题。所以，我们在与人交往时，不要犯和姜明一样的错误。别人不愿意做的事，不能答应的要求，就不要勉强。

2

我们要明白，世界上的事不会以我们的意志为转移，也没有人能永远迁就我们。如果我们一直勉强别人，那么对方即使是傻瓜也会反抗和远离。更何况，我们的身边也没有那么多傻瓜能随便"欺负"。如果一个人总是表现得很强势，不顾他人的感受，他身边的人一定会渐渐孤立他，哪怕他是高高在上的领导，也只能独自领略"高处不胜寒"的滋味了。

我有一个表弟，今年刚刚大学毕业，前不久才进入了一家公司。刚进公司的表弟很想与同事搞好关系，他想从公司的同事开始建立属于自己的人际关系。怎么做才能和同事搞好关系呢？他想了一个"好办法"。

表弟家里是做茶叶生意的，他本人爱喝茶，对茶有一些研究。于是，表弟就带了很多茶叶分给同事，本来这是一件皆大欢喜的事，同事们收到表弟送的茶叶应该会很高兴，表弟也能趁此机会和同事们拉近距离。

但是，表弟除了送茶叶，还非要拉着同事一起品茶，大谈自己对茶叶的见解。同事用表弟送的茶叶泡茶时，表弟大声纠正："哎呀，你不应该这样泡茶，把好茶叶都糟蹋了。"这句话让同事非常尴尬。

过了几天，表弟发现他的"茶叶攻势"好像没有起到作用，他很不解，问我这是为什么？我对他说："你送茶叶没有错，想法也很好。但是你不该按自己的想法来勉强同事，有的同事对茶叶不感兴趣，不一定想和你一起品茶。再说，怎么泡茶是别人的事，你不该把自己的想法强加在别人身上。"

听了我的话以后，表弟恍然大悟。原来，自己认为的"好"，对别人来说不一定"好"，从这件事以后，表弟不再"指导"同事品茶了，做事也没有那么强势了。与同事的关系也逐渐变得融洽起来。

我们自己喜欢或认为有益的事，别人不一定认同，所以，

千万不要用"为你好"的借口来勉强别人做事。

3

我们都知道，适度地"麻烦别人"能建立良好关系，能带来良好人际关系，但是当适度地麻烦变成了勉强，只会让别人远离我们，建立人际关系也就无从谈起。凡事多为别人考虑，别人不愿做的事，不要勉强，只有这样才能有好人缘。

我们在适度"麻烦"别人时，一定不要勉强对方，要注意下面几个方面：

◎ **尊重对方，不伤对方面子**

"麻烦"别人时要注意照顾对方的面子，不要用颐指气使的态度对待对方，更不要随意"使唤"别人。有的人在请别人帮忙时表现得十分轻慢，还有的人用强势的语气命令别人，这两种态度都是不可取的。请求对方帮忙时要诚恳，要用商量的语气，还要尊重对方。

人际关系的建立必须以互相尊重为前提，如果不尊重对方，对方也不会尊重我们。

◎ **别用自己的喜好揣测对方**

有些人喜欢用自己的喜好去揣测别人的想法，想当然地以为，自己喜欢的事物，别人也一定会喜欢；自己认为没什么大不了的事，别人也一定不会很看重。这些人会把自己的标准拿来要求别人，一旦别人没有按他的想法去做，就会心生怨气。

但是，我们必须认识到，每个人都有自己的独特个性，喜好的东西也不一样，按自己的喜好去揣测别人的想法是行不通的。而且，每个人所处的环境是不同的，为人处世的标准和底线也有所不同，用自己的那一套去要求别人是完全没有道理的。

◎尊重和理解对方的决定

有时候，我们向朋友求助，而这个忙对方的确帮不了，或者不愿意帮，我们也要心平气和地接受，因为人人都有不得已的时候。如果朋友是因为客观原因无法帮忙，我们不要去怪罪对方，而是要将心比心地理解对方，不要因为这一件事就否定这个朋友。

如果对方是主观上不愿意帮忙，我们也应该尊重对方的决定，也没有必要与对方反目成仇，因为别人没有帮助我们的义务。也许双方的关系有可能会因此变得疏远，但是没有必要变成敌人。除此以外，我们还要反思一下，是不是自己的要求太过分，或者平时有什么地方做得不够好，得罪了对方。

要想建立强大的人际关系，除了要运用高超的社交技巧以外，还要做到将心比心。对于别人不愿意做的事。不要勉强，要学会正确面对别人的拒绝。我们只有摆正自己的位置，调整自己的心态，理解和尊重别人，才能赢得真诚的友谊。

精准社交

　　自己不愿意做的事不应该强加给他人，别人不愿意做的事也不应该勉强。这不仅是礼貌和修养，也是维护人脉的重要准则。

高情商社交法则 2：信任 ——用心社交，用脑做事

相互信任的人，

才会互相帮助。

求助也是建立信任的过程，

你来我往之间，

双方的信任程度会逐渐加深。

双方要建立互相信任的关系，

总要有一个人先迈出第一步，

与其观望等待，

不如首先展示信任，

占据主动。

社交就是一个建立信任的过程

1

适当地向别人求助，除了能让双方关系更紧密以外，还是人与人之间建立信任的重要途径。因为在互相帮助的过程中，双方都投入了许多感情和精力，都对这种社交抱着积极而正面的态度。**你愿意帮我，说明你对我信任；我愿意帮你，说明我也信任你，随着信任的加深，双方的关系也会越来越好。**

人们在互相协作中建立起信任关系，社会分工的大体系也是通过协作和信任建立起来的，我们只有融入其中才能体现自己的价值。社交也是如此，只有通过"互相帮助"与他人产生联结，互相产生信任，我们才能找到自己的位置，才能享受互助的便利。

如果我们遇事一个人扛，不向别人求助，就很难向别人传达我们的信任。别人感受不到我们的信任，也不会轻易地相信我们。没有信任的社交可以说是无效的，因为双方都害怕对方欺骗自己，不敢与对方坦诚相待，这样一来，我们身边所有的朋友都会变成泛泛之交。

如果一个人没有一个能信任的朋友，他一定会感到万分的孤独，心中的情感无处倾诉，重要的事也无人可以托付。所以，我们要学会与他人建立信任，而建立信任，就要从精准社交开始。

2

我们身边不乏一些信奉"独善其身"处世哲学的人，他们认为："我不愿意请别人帮助，别人最好也不要请我帮忙。"然而，他们没有意识到，在这个分工高度明确、信息越来越多元化的社会中，没有人能做到"独善其身"。**我们必须与他人建立联结，扩展生活的维度，学会信任他人，与他人互助。否则，我们失去的将不仅仅是社交那么简单。**

我的邻居老黄，四十几岁仍然未婚，所做的工作也是无关紧要的，自然工资也不高。老黄不爱与人交流，一天也说不了几句话。无论在生活中，还是在工作中，他都是一个相当没有"存在感"的人。很多时候，沉默寡言的老黄在大家的眼中就是一个"透明人"。

我原以为老黄从年轻的时候就是这么孤僻，但我从母亲的口中得知，老黄年轻时是一个非常有才华、有朝气的年轻人，绝不是后来暮气沉沉的样子。年轻时的老黄是一个文学青年，很爱写文章，不仅在单位是"笔杆子"，还经常在本地报纸上发表文章。

只是，老黄虽然有才华，为人却很孤傲，他喜欢独来独往，遇到任何事都不喜欢请别人帮忙，别人有事求他，他也很少帮忙，同事和领导与他的关系也仅限于工作往来。后来，那个欣赏老黄才华，经常让他写文章的领导调走了，而新来的领导感觉老黄这个让人摸不透，搞不清他内心的想法，所以不愿意把重要的工作交代给他，老黄就这样坐上了"冷板凳"。

"不求人"是老黄的口头禅，但是他所信奉的"不求人"，却让他失去了领导的信任，以及与他人社交的可能性，变成了一个大家眼中的"透明人"。老黄用他的经历告诉我们，不愿与别人互相帮助，是很难与其他人建立信任的。

3

社交是一个建立信任的过程，但是，如果不讲究方法就会适得其反。不当的社交方式不仅不能获得信任，还会让别人对我们产生怀疑和防备。要想获得别人的信任，我们在社交中就要注意以下3点。

◎给一个对方了解自己的机会

我们要先给对方一个了解我们的机会。如果没有了解，又何谈信任呢？如果对方和我们不太熟悉，我们就要向对方介绍自己，让对方先对我们有一个大致的了解。这时，如果我们请对方帮比较大的忙，对方可能不会答应，所以我们可以先请对方帮忙做一些无关紧要的小事。再借由这件小事与对方展开互动，让对方更深入地了解我们。

如果我们在某次聚会上遇到了不太熟悉的人，彼此寒暄、自我介绍后，可以请他帮一些小忙，如我们上洗手间时，可以请对方帮忙照看包等，通过这样的小事情我们表达对对方的信任。

◎明确期望和要求

对于已经熟悉的朋友，我们在请求对方帮忙时，要明确自己的要求，这样对方才能清楚地知道我们要达到的目标。了解了我们的目标以后，假如对方感觉爱莫能助，就有时间提前向我们说明情况，避免不必要的误会。我们也可以再想别的办法，不耽误解决问题。

如果，我们不把自己的期望和要求说清楚，对方帮忙以后没有达到我们的预期，双方就会产生误会。而且，明确我们的要求和期望也是对对方的信任，因为我们相信对方会真心地帮助我们，即使对方做不到，我们也不会因此心怀芥蒂。

◎坦诚告知对方风险和困难

有时候，别人在帮助我们的过程中，需要承担一定的风险，克服一定的困难。我们一定要把这些风险和困难坦诚地告知对方，如果对方因此拒绝帮助，我们也应该接受。要知道，我们的不坦诚，很可能会令对方蒙受损失，进而影响双方的关系。告知对方可能的风险和困难，体现了我们诚实的品格，对方会因此对我们更加信任。

◎履行自己的承诺

如果我们是请求帮助的一方，不管我们答应了对方什么，或者承诺会如何帮对方，都应该及时履行自己的承诺。如果我们是被请求者，既然答应了帮助别人，就应该尽力去做到。除此之外，我们也不应轻易许下诺言，不要承诺自己做不到的事，因为承诺别人以后又失信于人，就是在摧毁双方的信任。

精准社交的第一步就是建立信任，信任是人际关系得以发展的基础，也是人际关系能够存续的前提，可以说，没有信任就没有良好的人际关系。所以，社交的过程就是建立信任的过程。当然，在社交中建立信任也是要讲究方法的，只考虑自己利益的社交，不仅不能建立信任，还会消耗我们自己的个人信用。

精准社交

与人交往的第一步就是建立信任，信任是人际关系得以发展的基础，也是人脉能够存续的前提条件，可以说，没有信任就没有人脉。而信任建立的过程就是人与人之间"互相麻烦"的过程。

信任的本质是爱：先爱对方，才能被爱

1

社交的第一步就是建立信任，而信任的产生源于人与人之间的交往。那么，信任应该先从谁开始呢？

每个人都希望别人能先信任自己，所以我们常常陷入这样一个困境：双方都等着对方跨出信任的第一步，而机会往往就在这样的等待中丧失了。如果我们主动一些，先信任别人，说不定就能顺利地交到一个好朋友。

先信任别人，就是相信对方的行为是带着善意的，并用适当的方式向对方表达出这种信任。表达信任能表现出我们对别人的尊重和重视，而这种尊重和重视，可以迅速改善我们和别人的关系，让他们也信任我们。

如果，我们不能学会信任他人，猜疑和防备就会滋生，也会让我们无法与别人顺利地交往。被猜疑的滋味并不好受，没有人喜欢和不信任自己的人打交道，更不会与怀疑和防备自己的人长期来往。我们不妨先试着信任别人，让自己也有机会收获一份别人的信任。

有人会说，先信任别人是有风险的，的确如此，但我们也应该知道，不信任别人会让我们损失更多。我们不能因为害怕被欺骗就不去信任别人，就像我们不能因为害怕吃到坏花生，就永远不去吃花生，这种因噎废食的做法是非常不明智的。

我们必须承认，先信任别人是需要勇气的。我们的社会中，有形形色色的人，其中难免会有一些价值观极度偏差、道德水平低下、自私自利的人，这些人让"信任他人"变成了一件有风险的事。但我们要对社会、对他人抱有信心，要相信这样的人是少数。假如100个人中有1个人会损害我们的利益，但还有其他99个人是对我们有益的，所以，总体上来说，充分信任他人是对我们有好处的。

2

也许，有的人曾经因为信任别人而受到过伤害，"一朝被蛇咬，十年怕井绳"的心态让他们再也不敢轻易信任别人。但我认为，**即使曾经受了伤害，我们依然要继续信任别人，因为曾经的教训会让我们变得更聪明、更强大，能让我们更好地辨别出谁才是真正值得信任的人。**

不信任，是源于未知，我们不敢主动信任别人，是因为我们对对方还不够了解。这种"未知"会让我们对人有一种防备心理。如果我们想信任一个人，就要试着去了解他。我们对一个人越了解，就会对他越认同、越信任。

如果我们不能主动信任别人，对别人充满防备，在自己的内心筑起一道墙，那么我们的心灵也会照不到阳光，慢慢变成一个多疑、阴暗的人，

最近，我的朋友燕子给我讲了一件事，对我很有启发。

燕子是一个单身独居的女孩，所以在平时的生活中防备心比较重，很注意自己的隐私和安全。从不告诉一般朋友自己住在哪里，连坐出租车都不坐到家门口就下车。

一天，燕子加班到很晚，赶不上最后一班地铁，只好打车回家。这次她依旧让司机师傅停在离家不远的地方，可燕子下车后，司机并没有走，而是把车停在了原地。燕子的心里很紧张，她不知道是应该回家，还是要先绕一圈，等这辆出租车开走了再回家。

正在燕子犹豫不决时，出租车的灯突然打开了，司机师傅对她挥了挥手，大声喊道："路上没人不安全，我给你照着亮，快回家吧！"。燕子这才明白，原来司机师傅是想为她照亮。燕子走进小区大门以后，司机师傅才把车开走。

陌生人的举动，让燕子的内心感到无限温暖，她也开始反思自己，是不是把别人想得太坏了。燕子对我说："我好像不容易相信别人了，对谁都充满怀疑，其实，在这个世界上还是好人多。"

我说："是的，我们要学会相信别人，因为坏人毕竟是少数。但是，信任不应该是盲目的。在相信别人之前，我们要先学会观察和了解对方。"

3

那么，我们应该怎样观察和了解别人呢？我总结了以下几个方面以供大家参考，但是在实际生活中，我们还要结合自己的生活经验灵活变通。

◎ **观察对方的穿衣打扮**

穿衣打扮能在一定程度上反映一个人的修养，如果一个人穿着整洁，把自己打理得干干净净，他一定对自己的形象比较在意，也具备一定的修养。但是，"只认衣冠不认人"的做法也是错误的，因为有时候外表具有一定的欺骗性，我们还要观察对方的其他方面。

◎ **观察对方身边的朋友**

物以类聚，人以群分。一个人身边的朋友能反映他的格调和层次。文化修养较高的人身边一定是"往来无白丁，谈笑有鸿儒。"而地痞流氓身边肯定围绕着一群狐朋狗友。所以，通过观察对方身边的朋友，我们可以看他比较真实的一面。

◎ **观察对方对待财富的方式**

一个人对待财富的方式，能在一定程度上反映他的内心世界。如果对方挥金如土，那么我们基本可以判断他很富有，也很奢侈，对钱不是很在乎。如果对方比较节俭，他有可能经济比较拮据，或者对金钱的态度比较理性。如果一个人很抠门，说明他很在乎钱，也比较吝啬。

◎ **观察对方与异性相处的方式**

如果对方是男性，我们尤其要观察他是如何与异性相处的。如果他对女性很尊重，也能把握异性交往的分寸，说明他是一个很有修养，对自己有一定要求的人。如果对方对待女性态度轻佻，或者不尊重，那么我们就要考虑对方是否值得信任了。

◎ **与对方进行简短交流**

我们可以与对方进行简短交流，观察一下对方的逻辑思维能力和语言能力。有的人几句话就能把事情说清楚，而有的人说一箩筐也让人听不明白。除此之外，我们还可以借某件事来试探对方，对一件事的看法可以反映一个人的价值观和人生态度，以及与我们是否有共同点。

以上的方法只是一个参考，并不是绝对有用的，因为要真正了解一个人的性格和思想，必须经过长期的观察和接触。这几种方法只是帮我们做出一个初步判断。而对一个人的信任，也不是一天就能够建立的。很多时候，我们需要表达的是一种愿意信任的态度，当我们表明态度，走出第一步之后，就可以在与对方交往过程中，进一步地观察和了解对方。

其实，信任别人也是信任自己，信任自己看人的眼光，信任自己对社交的掌控力，信任自己能获得别人的信任。如果我们连自己都不相信，那还有什么人是值得信任的呢？我们要相信自己的能力，相信就算失败，就算看错了人，也不会有什么大不了的事情。如果我们有了这样强大的心理，又怎么会不敢先信任别人呢？

精准社交

> 先信任别人，就是相信对方的行为是带着善意的，并用适当的方式向对方表达出这种信任。表达信任能表现出我们对别人的尊重和重视，而这种尊重和重视，可以迅速改善我们和别人之间的关系，让对方也信任我们。

面对面沟通更有效

1

当今社会已经进入了移动互联网的时代，手机已经成了我们的主要联系工具，大家面对面交流的机会变得越来越少。身边很多朋友几乎不再面对面交流，渐渐变得越来越疏远，成了

"点赞之交"。

随着技术的不断进步，"面对面"的沟通方式受到了巨大的冲击，这种沟通方式看起来已经过时了。但面对面的交流仍然是最有效的沟通方式，虽然我们能借助各种高科技工具、各种媒介与其他人进行沟通，我们甚至可以在家里与地球另一端的人交朋友，但是，面对面交流仍然是不可取代的。

这是因为肢体语言在沟通中占据了重要的地位，科学家研究证明，**在人与人沟通的过程中，只有7%的沟通内容是通过口头语言或书面语言传达的，高达93%的信息是通过肢体语言传达的，只有通过面对面的交流我们才能接受彼此的肢体语言。**

当我们进行电话沟通，或者线上沟通时，我们无法准确判断出对方话中包含的情绪和态度，也很难与对方产生共鸣。这种现象造成了一个巨大的矛盾，一方面，互相联系变得非常容易，动动手指就可以；另一方面，人们的关系却变得比以前任何时代都疏离。

我在网上读到过这样一个故事：

美国青年马克在浏览自己的Facebook主页时，发现自己母亲的名字出现在了"推荐好友"一栏。当他点开母亲的主页，看到母亲的照片时，才发现自己已经快2年没有和母亲说过话了。自从5年前离开家以后，马克和父母的关系越来越疏远。他平时很少主动联系父母，而父母怕打扰他也只能通过姐姐来了解他的生活和近况。

本来应该关系很亲密的母亲，却变成了社交网站的推荐好友，马克感到十分讽刺，同时他也发现，没有了面对面的交流，他和家人的距离已经变得越来越远。于是，马克决定暂时放下手机，放下电脑，亲自回家看看自己的父母。

马克的故事虽然很少见，但是也真实地反映了由于缺少面对面交流，人们的关系变得越来越疏远。

2

缺乏面对面的沟通，不仅会让人与人之间的感情变得疏离，还会影响人与人之间的信任建立。**电话沟通和线上沟通追求频率和速度，它们让人与人之间的沟通变得浅显，用简单的快问快答取代了经过深思熟虑的深度交流。然而，没有深度的沟通和了解，我们又要如何建立信任呢？**

没有面对面的交流，肢体语言和交流情境的缺失让我们只能通过简略的语言、抽象的符号来判断对方的态度和意思，也许我们得出的结论并不是对方想表达的。比如，对方发来的"？"究竟表达的是疑问还是愤怒？"哦"是代表对方已经明白了，还是不想再跟我们说话了？这种交流中的"误差"也为建立信任增加了难度。

更值得注意的是，移动互联网技术的高度发达，让我们进入了"永久在线"状态，我们害怕错过几千公里外的朋友发来的信息，忙着为别人点赞，生怕错过了朋友圈的一条评论。在这样的焦虑中，我们每隔5分钟就要拿起手机看一下，即使在与朋友面对面交谈时也不例外。虽然"永久在线"已经成为了当今时代的一种必然，但这种状态势必会影响我们与朋友之间的关系。"永久在线"让联系变得容易，却让信任变得困难。

放下手机，面对面真诚地交流难道不是更好吗？通过面对面的交流，我们能对别人有更深入的了解，能准确地知道他的喜好，还能根据对方的言行举止判断对方是否值得我们信任。对对方来说，同样如此，和我们见面之后，他才能判断我们是什么样的人，能否和我们继续交往下去。

对亲密的朋友和家人，面对面的交流更是必不可少。通过面对面的交流，我们能更好地了解家人的近况，分享彼此的喜怒哀乐。面对面的交流能更好地表达我们的情感，传达我们的情绪，这有助于加深我们和朋友之间的感情和信任。

所以，让我们暂时放下手机，和朋友、家人来一次面对面的交流吧！

3

那么，我们在与别人进行面对面交流时，应该怎样做才能达到良好的交流效果呢？下面这几个要点是我们应该注意的：

◎ 创造融洽的交流氛围

当我们与别人进行一对一交流时，应该创造一个融洽的交流氛围。缺乏热情或充满敌意的氛围是不能达到很好的交流效果的。我们要有诚意，还要展示出自己的修养，让对方放松地与我们交流。融洽的氛围能让情感自然地流露，让双方情感交流更加充分。

◎ 激发对方沟通的欲望

交流沟通是一种双边活动，必须有来有往，如果对方**没有**

沟通欲望，面对面交流就会陷入尴尬的僵局。所以，我们在与对方交流时要注意掌握分寸感和自己的态度，不要让对方有心理压力，还要注意自己的语气和措辞，不要招致对方的反感。这样对方才会愿意和我们交流和沟通。

◎**真诚地与对方沟通**

我们在和对方面对面交流和沟通时，应该真诚、坦率，不要弄虚作假、言不由衷，更不要阿谀奉承，只有真诚的态度才能赢得对方的信任。如果我们是强势的一方，也不要居高临下、以势压人，这样只会把对方越推越远。

◎**表现出对交流的兴趣和热情**

如果我们对对方的话不予回应，或者表现出不感兴趣的态度，对方就会失去与我们交流下去的欲望。所以，我们在与别人面对面交流时，要给对方积极而适当的反馈。还要加入一些肢体语言，比如点头、微笑等，还可以加入适当的感叹词，来表达自己继续倾听的兴趣和希望对方说下去的愿望。

◎**掌握评论的分寸**

在评论别人的话时，我们一定要掌握分寸，不要用批评和指责的态度来评论对方的言行。就算我们要表达自己的意见，或者要劝阻对方，也应该用建议的形式来提出，不要让对方下不来台。没有分寸地评论对方，一定会让对方产生抵触情绪。

◎**要克制自己的情绪，避免冲动**

面对面交流时，由于情感表达得比较直接，就有可能会造成误会，会引起冲动，这种情况下，双方的情绪都很容易激动。所以，我们要克制自己的情绪，避免冲动，不要一激动就和对方争执起来，或者自己滔滔不绝，不给对方说话的机会。

如果不能克制自己的情绪，面对面交流很有可能变成冲突，让双方产生隔阂，甚至不愿再跟对方交流。而且，双方的关系一旦产生了裂痕，信任就更难建立了。

◎利用一切机会与对方面对面交流

面对面交流分为正式交流和非正式交流，前者一般是公开的交流，后者一般是私下交流。私下交流更利于双方建立信任，因为私下里我们会和别人谈一些比较私人的话题，或者交换一些无伤大雅的小秘密，这样的交流能迅速拉近彼此的距离。

所以，我们应该利用一切机会与对方进行面对面交流，特别是进行一些私人的、非正式的沟通。比如约对方出来喝茶，或者邀请朋友们出来小聚，或者在公共场合碰面时，找机会与对方进行私人的沟通。非正式沟通能让双方的交流更深入，而双方了解对方越深，越容易对对方产生信任。

建立信任的最好办法就是面对面沟通，只有面对面沟通才能准确传达我们的情感，表达我们的态度，让对方更了解我们，只有了解能产生信任。克服时间与空间的距离，与朋友进行一次面对面的交流，难道不比隔着手机交流更真诚吗？

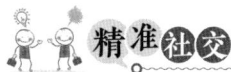

精准社交

电话沟通和线上沟通追求频率和速度，它们让人与人之间的沟通变得浅显，用简单的快问快答取代了经过深思熟虑的深度交流。然而，没有深度的沟通和了解，我们又要如何建立信任呢？

信任不在于说，而在于做

1

当你看到警察、医生、消防员或西装笔挺的会计师或律师时会有什么感觉呢？我想大多数人都会不由自主地对这些人产生信任感。这是为什么呢？原因很简单，那就是这些人都给我们同一个印象——专业。

这就是职业素养带来的信任感，其实，不只是上面提到的这些专业性较强的工作，任何一种职业都可以通过较高的职业素养来赢得别人的信任。**那些有较高职业素养的人往往会给人专业、可靠、负责任、守承诺的印象，别人自然会对他们产生信任。**

无论我们在哪个行业工作，在什么岗位工作，都要努力提高自己的职业素养，让别人自然而然地产生信任，这对我们的工作和生活都是有好处的。工作上我们能得到领导和客户的信任，让自己的事业更成功。在生活上，我们会成为一个可靠的朋友，深受大家的喜爱和信任。

要提高自己的职业素养，我们首先要弄清楚什么是职业素养。《职业素养》一书中给出的定义是："职业素养是人类在社会活动中需要遵守的行为规范，是职业内在的要求，是一个人在职业过程中表现出来的综合品质。职业素养具体量化表现为职商，体现一个社会人在职场中成功的素养及智慧。"

职业素养涵盖的内容非常广泛，它是个体行为的总和，表现为内化素养和外化素养。内化素养包括我们每个人的世界观、价值观、人生观，涉及职业道德、职业操守和敬业精神等内容，外化素养指专业技能，比如计算机、英语、财会等技能，外化技能可以通过学习和培训获得，并可以通过实践和运用不断精进。

职业素养的提高和修炼需要经历不断地磨炼，职业素养要求我们在自己的岗位上尽量把工作做到最好，要求我们遵守职业道德和职业操守，有敬业精神。职业素养是衡量一个人职场成熟度的唯一标准。

2

提升职业素养对我们每个人都有着十分重要的意义，缺乏职业素养的人很难在工作上取得突出的成绩，也很难赢得同事、领导和客户的信任。对企业来说，具有职业素养的员工才能帮助企业实现生存和发展，他们能帮企业提高效率、节约成本，是值得企业信任和重用的员工。

而缺乏职业素养的人，会给人"不靠谱"的印象，有什么重要的事大家都不会托付给他，也不会很信任这个人。

我有一个学妹，她大学毕业后从事的是财务工作，但是仅仅一年多的时间，学妹就换了4份工作。她之所以频频跳槽就是因为工作上经常出错，导致她经常被扣工资，而且无法通过公司的试用期。

财务工作要求细致和严谨，而学妹的职业素养不足，导致她在哪个公司都待不长。现在，她已经毕业两年了，却仍然没有找到一份稳定的工作。因为，学妹之前的履历让她应聘的每家公司都对她不信任，公司对她的考核总是特别严格，生怕她在工作中出错，怀疑她无法胜任工作。身边的朋友和家人一提起学妹，都会说她是个"不靠谱"的人。

职业素养不仅能反映一个人的专业能力，还可以体现这个人是否有责任心，像学妹这样职业素养不高的人，当然很难得到别人的信任。

3

一个合格的职场人士应该具备以下几点职业素养：

◎有良好的礼仪

外在形象也能反映一个人的职业素养，工作场合中，我们应该做到衣着得体、举止得体、谈吐文明礼貌，良好的礼仪能帮助我们展现专业形象。外在形象是我们留给别人的第一印象，而第一印象的作用是超乎我们想象的。

◎重视时间观念

没有时间观念的人会让人产生不信任感，在工作中我们要注意遵守上班时间、会议时间、工作进度时间和与客户约定的时间。守时的人一般来说都会比较信守承诺，别人也更愿意信任这样的人。

◎有明确的角色认知

每个职场人士都应该对自己的角色有明确的认知，要正确认识自己的岗位职责，并负起自己应该负的责任。在自己的岗位上要做好自己的本职工作，不折不扣地执行公司或者上级布置的工作任务。

◎懂得有效沟通

职业素养中还包括了沟通能力，无论与上司沟通或与下属沟通都应该采用合适的方式。对下属要懂得倾听，对待上司要懂得反馈，对待同事要注意自己的态度。同时我们还要学习和掌握一定的沟通技巧，让自己的工作开展得更顺利。

◎懂得控制情绪

工作中要对事不对人，把工作和生活分开，不把生活中的情绪带到工作中来，不把私人恩怨掺杂到工作里，同时也不要让工作压力影响自己的生活质量。懂得控制自己情绪的人，才能成为一个有专业精神的职业人。

◎有强烈的成本和效率意识

我们要在工作中时刻想着提高效率和节约成本，学会抓住重点，达到效益最大化，做任何事都讲求效率。只要做到这两点，就不难得到上司和领导的信任。

◎有职业道德

我们在注意个人职业形象的同时，也要注意维护公司声誉、行业声誉。把"规规矩矩做事,堂堂正正做人"当成自己的座右铭，杜绝"职业腐败"行为，不做有违职业道德、损害公司利益的行为。职业道德也能反应一个人的人品和个人道德，恪守职业道德的人一般都是懂得守住底线的人，一个有底线的人也是值得别人信任的人。

良好的职业素养让我们在工作上取得成绩，在人际关系上也可以赢得更多信任。专业上的能力和信誉也能让我们获得更多人际关系。

精准社交

那些有较高职业素养的人往往会给人专业、可靠、负责任、守承诺的印象，别人自然会对他们产生信任。

用诚信赢得别人的信任

1

我们中国有句古话叫作"人无信而不立"，诚信是一个人的立身之本，是建立人际关系的关键，是我们在人生道路上必须践行的准则。"诚"就是诚实、真诚，"信"就是言而有信、恪守承诺。如果我们做人不真诚，就无法得到别人的信任；如果我们做事不信守承诺，就会让别人远离我们。

浩如烟海的历史古籍中有无数赞美诚信的故事，这些故事告诉我们，只有做人讲诚信才能获得尊重，赢得成功的机会。

燕昭王千金买马骨、季布一诺千金、宋濂雪夜赴约的故事无不是说明了这个简单而深刻的道理。

时代在发展、社会在进步，但追求诚信的精神却从来没有改变过，而且现代商业社会对诚信，对契约精神更加看重。海尔集团董事长张瑞敏用当众砸冰箱的举动改变了员工们的质量观念，也为企业赢得了美誉。

当时，海尔从德国引进了一条世界一流的冰箱生产线，但是生产线投入使用一年后，有顾客反应海尔冰箱存在质量问题。海尔公司针对这一情况，对全厂冰箱进行了一次彻底的检查，在检查中发现库存的76台冰箱外观存在划痕。虽然这些冰箱的制冷功能完全正常，但张瑞敏决定当众销毁这批冰箱，并提出"有缺陷的产品就是不合格产品"。

张瑞敏的做法，在当时的社会上引起了一片震动，因为他的做法不仅说明国有品牌的质量意识已经觉醒，同时体现了现代企业诚实守信的精神。海尔集团能发展至今，一定和它的诚信精神是分不开的。

无论对企业来说，还是对我们个人来说，诚信都是一种必须具备的品质。讲诚信的人都有一种隐形的磁场，会把周围的人吸引到身边，慢慢地，朋友就会越来越多，人际关系也会越来越广。

2

我们在与人交往时，要认真对待自己的每一个承诺，不能因为疏忽大意而失信于人。人与人之间如果没有信任，就不会成为能够互惠互利的好朋友。如果我们经常不守承诺、做人做事不讲诚信，就会成为《狼来了》故事中的那个孩子，在真正需要帮助的时候，也没有人相信我们，更别说对我们伸出援手了。

担任黑石集团总经理，被称为"并购大王"的郭明鉴在接受记者访问时，记者问他："您认为专业能力和人际关系哪个更重要？"郭明鉴回答："没有专业的话，人际关系就是空的。但是在专业里，有一条是最难的，就是信任，这也是人际关系的基础。"

信任是人际关系的基础，而诚信则是信任的基础。只有保持诚信才能不断提高自己的信用度，所以，我们必须说到做到，言而有信，只有这样才能赢得信任，获得更多的人生机遇。如果一个人放弃了诚信，就是与所有的人背道而驰，最终只会落得一个众叛亲离的下场。所以我们一定要明白什么话不能说、什么事不能做，什么钱不能拿。

诚信也是我们自己对自己的要求，有些情况下，我们即使违背了诚信也不会有人知道。不过，有句古话说得好："修合无人见，存心有天知。"虽然别人不知道，但我们自己知道，而且纸是包不住火的，如果做了违背诚信和良心的事，终究会有东窗事发的那一天。与其提心吊胆，不如诚信地做人做事，用诚信来赢得别人的信任和欣赏。

3

要想以诚信赢得信任，我们就要注意自己平时的一言一行，在日常生活的点滴中做到诚信。只有足够了解我们，别人才会对我们付出信任，所以获取信任靠的是平时生活中的点滴积累。如果我们要塑造自己诚信的形象，就要时刻注意以下几点：

◎信守承诺、重视承诺

信守承诺包括两各方面：第一个方面是言出必行，信守承诺的基础就是说到做到，哪怕再小的事也要言出必行。第二个方面就是重视自己的诺言，我们许下的诺言不仅对我们自己来说很重要，对对方来说也许更重要。所以我们一定要重视自己的承诺，不要轻易地许下诺言，如果说了不能做到，那还不如不说。对于自己许下的诺言，不要轻易选择放弃，即使这件事做起来十分困难，因为我们的放弃一定会令对方十分失望。

◎保持真诚、敞开心扉

要想赢得良好人际关系，我们就要在与人打交道时保持真诚。首先，我们不能欺骗别人。千万不要小看谎言的力量，要知道一个谎言就能让我们的个人信用破产，一次欺骗就有可能给彼此的关系造成永久的裂痕。

其次，我们要适时地与对方分享自己内心的感受，说说自己的真实想法，这种坦诚的态度可以让对方对我们更加信任。而且，坦诚的态度是相互的，我们对对方坦诚，对方同样会对我们坦诚。

◎坦诚地与对方交流，不要隐瞒

我们在和对方就某事进行交流时，一定要坦诚，不要隐瞒。有时候我们为了保全自己，会对事情的真相进行"美化"和"变形"。虽然这种行为不是欺骗，但是它和欺骗一样，会破坏彼此的信任。

◎学会保守秘密、杜绝谣言

只有谨言慎行的人才是值得信任的，因为他们不会传播谣言，也不会随便泄露别人的秘密。别人告诉我们自己的秘密是对我们的信任，我们不应该辜负这份信任，而且我们也有为别人保守秘密的义务。

同时，也不做谣言的传播者，传播谣言是一种不谨慎的行为，会破坏我们谨慎诚信的形象。任何未经核实的消息，我们都不应该主动去传播。

◎展现良好的道德水平

良好的道德水平能让别人对我们更有信心。哪怕我们没有高超的社交技巧，但良好的道德品质和诚信做人的态度，也能为我们赢得别人的尊重。一个道德水平低下的人是不可能做到诚信的，也不可能会对别人负责。所以，我们在平时的生活中要严格要求自己，做一个堂堂正正的人。

诚信是每个人立足社会的无形资本，在当今社会中，讲诚信更是每个人都应该具备的理念，因为诚信关乎我们的人际关系。要不断扩大自己的人际关系，就要得到别人的信任，而能取得别人信任的只有——诚信。一个不诚信的人，是永远都不会有朋友的。

精准社交

　　诚信是每个人立足社会的无形资本，在当今社会中，讲诚信更是每个人都应该具备的理念，因为诚信关乎我们的人脉。要不断扩大自己的人脉，就要得到别人的信任，而能取得别人信任的只有——诚信。

高情商社交法则 3：智慧
——让智商为社交服务

请别人帮忙也是要分对象的，
要请那些能让我们"增值"的人帮助。
因为，
你想让自己变得优秀，
就要认识那些优秀的人，
学习他们身上的长处，
总结他们成功的经验。
最重要的是，
你要借助这些优秀的人，
走上更广阔的舞台，
为自己捕获更多的机遇。

社交要自我设限

1

我们常常在报纸、杂志或者网络上读到许多关于"股神"巴菲特的故事，都对他独到的眼光和价值理念，以及近乎不败的投资经历钦佩不已。其实，除了投资天赋以外，巴菲特还有主动寻"贵"的精神，这是巴菲特的过人之处。

主动寻"贵"就是主动寻找和结交对自己有帮助的人，也就是给自己的社交设限。有的人不管什么人都去结交，结果在社交上花费了大量的时间，却对自己的人生毫无益处。巴菲特从来不在对自己毫无益处的社交上耗费很多时间，他的社交对象都是对他的发展有助益的人。

他原本在宾夕法尼亚大学攻读财务和商业管理专业，但当他得知著名的证券分析师本杰明·格雷厄姆和戴维·多德在哥伦比亚商学院任教后，就辗转来到哥伦比亚大学，成为"金融教父"本杰明·格雷厄姆的得意门生。

大学毕业后，为了继续跟随格雷厄姆学习金融和投资，巴菲特甚至愿意不要报酬，当对方的助手，直到学完老师的全部投资精髓，巴菲特才开始创办自己的公司。

主动结交对自己有帮助的"贵人"，是很多成功人士的共同特点。他们懂得借力，并且不害怕遭遇拒绝，能够抓住机会让自己得到"贵人"的赏识和提携。中国的成功企业家同样有主动寻"贵"的精神。

2003年，分众传媒成立之初，创始人江南春倾其所有在某高档写字楼里安装了价值2000万的液晶显示屏，他期待着广告客户能青睐这种新的广告形式，但是他却没有获得预期中的客户。

就在江南春顶着巨大的压力，每天都在赔钱时，与分众传媒同在一层写字楼的软银上海代表处首席代表余蔚却注意到了他。江南春很珍惜这次来之不易的机会，与余蔚进行了一次深入的交谈。

一周之后，余蔚投给了江南春第一笔风险投资50万美元，这笔钱虽然与分众传媒日后几千万美元的融资相比显得微不足道，但却帮助江南春度过了最初的困境。很多人都觉得，江南春能获得余蔚的投资，是因为他交了好运。

但是，余蔚之所以愿意给江南春投资，是因为他很早以前就发现，江南春是一个非常勤奋的年轻人，工作起来废寝忘食，经常从早上8点工作到晚上12点，平时几乎没有休息日。余蔚每次在电梯里碰到江南春时，他的手里总是拿着笔记本和计划书。

余蔚从江南春身上看到了潜力，他这个年轻人是值得帮助的。所以，他愿意给刚刚开始自己事业的江南春投资，愿意成为他的"贵人"。

要想得到"贵人"的帮助，除了要有主动寻"贵"的精神，我们本身还要具备值得别人帮助的特质。

2

主动寻"贵"的精神能帮助我们在通往成功的路上走得更远，在寻找"贵人"的同时，我们应该努力提升自己的综合实力，让自己值得"贵人"的帮助。具备了一定潜质后，我们在接触和寻找"贵人"的过程中要注意以下两个原则：

◎ 放下自卑，主动出击

有的人觉得自己不够优秀，不好意思甚至害怕与更优秀的人交往。其实优秀的人，无论他们是知识渊博的学者，还是事业有成的商人……都不会一上来就拒绝对自己主动示好的人。

就算我们再普通，但只要礼仪周到、不卑不亢，有独立的人格，有自己的优点，那些优秀的人也会愿意与我们结交。那些十分优秀或身处高位的人比一般人更需要真诚的友谊，因为他们的身边一定围绕着一大批谄媚讨好的人。所以，我们在与"贵人"交往时不必谄媚，也不必刻意讨好，只要真诚地尊重和认可对方就可以了。

与"贵人"结交时我们要主动一些，因为对方一般不会主动地来认识我们，除非我们拥有非常突出的才能。我们也不需要过于自卑，因为我们是在结交朋友，而不是在巴结对方，如果对方暂时没有与我们交往的想法，我们也不必因此而感到沮丧，因为说不定我们已经给对方留下了深刻的印象。

◎积极参与社交

如果我们每天都只愿意待在自己熟悉的环境里，不愿意走出去，那么我们就不可能认识更优秀的人，也不可能遇到我们的"贵人"。只有想办法拓宽自己的社交渠道，积极参与各种社交活动，我们才有更多机会去认识那些可以帮助和提携我们的人。

面对一些新面孔，我们每个人都会有些紧张和忐忑不安，初来乍到的我们不知道如何融入新的圈子，总觉得自己很不起眼，这些感受都是正常的。在陌生的环境中我们都会产生"不舒适感"，但是这种"不舒适感"是我们必须经历的。只要打起精神，克服恐惧和"不舒适感"，我们就一定能在各种社交活动中为自己找到机遇，结交一些比自己更优秀的人，从而有助于自己的发展。

主动寻找"贵人"，并努力让自己具备打动"贵人"的潜质，只要做到这些我们就离成功不远了。

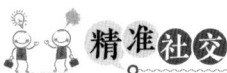

精准社交

主动结交对自己有帮助的"贵人"，是很多成功人士的共同特点，他们懂得借力，也不惧怕挫折和拒绝，抓住机会让自己得到"贵人"的赏识和提携。

从优秀到卓越，你需要结交更优秀的人

1

我在网络上经常看到有人讨论"穷人思维"和"富人思维"。所谓的"穷人思维"有一个重要表现，就是"穷人"只愿意与条件和自己差不多的人交往，排斥和比自己优秀的人交往，所以他们的朋友都是"穷人"。

而拥有"富人思维"的人 喜欢结交那些比自己优秀、对自己有帮助、能提升自己能力的朋友。他们在结交朋友时，从来不会按照个人的喜好去结交。在他们的眼中，只要对自己有帮助，而且能力在自己之上的人，都是值得自己去结交的人。因为，他们知道，要想让自己变得更优秀，就要结交比自己更优秀的人。

从那些优秀的人身上，我们可以学到更多成功的秘密，也能从他们那里获得一些有利于自己成长的机会。

方芳是一名普通的办公室文员，她来自一个普通的工薪家庭，平时不怎么爱结交朋友。为数不多的几个朋友，也都和方芳一样，做着一份普通的工作，每天为了生活而奔波。方芳时常想，为什么她的朋友中没有什么优秀的人，都和她一样，只能做一个普通的打工者呢？

田莉和方芳在同一家公司上班，担任经理助理。她不仅工作能力强，人际关系广，还有许多非常赚钱的商业渠道。田莉生长在一个富裕的家庭中，她周围的朋友和同学都是各有专长的社会精英。可以说，田莉和方芳根本不是一个世界的人，不仅在工作业绩上有着天壤之别，就连身边的朋友圈子也截然不同。

因为刚进公司不久，方芳不知道怎么与不同背景、不同能力的人打交道，所以跟同事们的关系比较疏远。一次，方芳参加了公司组织的职业能力提升培训，通过这次培训她才知道，原来自己一直这样"平淡无奇"，与自己结交的朋友有很大关系。

方芳回家后仔细分析了一下自己的情况，她想起平时自己和小姐妹在一起时，不是聊八卦就是抱怨自己的生活不顺。而且，自己的这群朋友有一个共同点，那就是遇到一点事就会沮丧和抱怨。当朋友中有人遇到了什么麻烦，彼此也没有能力帮助对方。

想通了以后，方芳开始有意识地结交一些比自己优秀的朋友，她开始积极地和公司里的同事们打交道，同时有意识地在工作上和田莉多联系，慢慢地，她和田莉建立了比较好的私人关系，还通过田莉认识了许多专业人士和优秀人才，在这些"贵人"的帮助下方芳的事业也打开了新局面。

2

朋友之间的相互影响，往往能起到潜移默化的作用。在胸怀大志的朋友的影响下，我们也会产生干一番大事业的想法。而且，优秀的朋友也会成为我们发展道路上的助力，有了这些优秀的朋友，我们能看得更远，爬得更高。

如果，我们身边的朋友都是安于现状、不思进取的朋友，我们也会慢慢被同化，心中的理想和志向也会淹没在庸庸碌碌的生活中。如果身边没有优秀的朋友，我们会丧失奋斗的动力，看不见更广阔的世界，也得不到更好的机遇。

也许，有的人会说，交朋友不应该戴着有色眼镜，要对所有的朋友一视同仁，把身边的朋友分为"三六九等"的做法不对。其实不然，如果我们只结交一些和我们一样，甚至不如我们的朋友，他们有困难时，我们不能帮助他们；我们有困难时，他们也不能帮助我们。身边的人不能相互提携，我们也不会有良好的发展。

俗话说："近朱者赤，近墨者黑"，我们身边的朋友和周围的生活环境，都会对我们产生巨大的影响。身边有没有奋发向上的环境，有没有优秀的朋友，都关系着我们的发展和成就。

所以，我们如果想变得更优秀，就要站到"比我们高"的人身边，就要结交比我们优秀的朋友。

3

那么，我们应该如何结交比自己优秀的人呢？我认为应该做到以下几点。

◎**努力让自己变得更加优秀**

要结交优秀的朋友，我们就要努力让自己也变得更加优秀，让对方发现我们的闪光点。每个人都希望自己的朋友有能力、有前途，也希望朋友能给自己带来一些益处，所以我们要努力让自己有一些值得别人结交的优点，或者想办法让别人看到我们的潜力。只有这样，我们才能得到那些优秀的人的青睐。

◎**懂得发现别人的优点**

每个人都有自己的优点和缺点，我们要善于发现别人的优点，以及别人成功的要素，并从中学习。而且，有些朋友身上的优点和缺点非常明显，对于这样的人，我们要学会一分为二地看问题，从对方的缺点中吸取教训，从对方的优点中学到东西。有些看起来普通的朋友身上也有一些闪光点，我们同样要向对方学习。总之，只要是优点，只要是优秀的品质，都值得我们学习。

◎**坚持学习**

要跟优秀的人做朋友，我们就要坚持学习，如果不学习的话，我们就会跟不上朋友的脚步，我们和朋友的水平相差得越多，彼此的距离就会越来越远，关系就很难维持下去了。优秀的朋友让我们开阔了眼界，为我们提供了更广阔的平台，我们更要抓住机会，坚持学习，让自己变得和朋友一样优秀。

想让自己看得更远，就要站得更高；想让自己有更多机遇，就要站上更广阔的平台；想让自己变得更优秀，就要和优秀的人做朋友。优秀朋友身上散发的气场，能让我们发生潜移默化的改变。优秀的朋友，可以引领我们前进和上升。

精准社交

想让自己看得更远，就要站得更高；想让自己有更多机遇，就要站上更广阔的平台；想让自己变得更优秀，就要和优秀的人做朋友。优秀朋友身上散发的气场，能让我们发生潜移默化的改变。优秀的朋友，可以引领我们前进和上升。

用认知辨人，用修养做事

1

在工作中，要想自己的业务开展得顺利，就要广交朋友。这里所说的"朋友"就是那些和我的业务有关的人。我们在日常工作中，会遇到很多与自己业务相关的人。我们与这些人大多是点头之交，甚至连他们的名字都不知道，彼此见面后，说的也不过是与业务相关的寥寥数语，并没有深入的交谈。

例如，我们到某座大厦去接洽业务时，经常遇到的那位前台；或者到仓库提货时，经常碰面的那位管理员；又或者是到银行办事时，经常打交道的那位银行柜员等等诸如此类的人物，我们既不知道他们的姓名，也不知道他们是从何而来。但是，他们或多或少地都与我们的业务有关系，我们应该用怎样的态度来对待这些人呢？这是一个很实际也很微妙的问题，对有些人这也是一个难题。

我们应该把他当作"一个机器中的零件"，还是要把他们当作和自己一样的普通人呢？我们对他们的态度应该是盛气凌人、颐指气使，还是谦恭有礼、平等对待，并把他们当作自己的同事或朋友呢？

很多人为谋生，做着既辛苦又枯燥繁重的工作，而且待遇很低。他们在平时的工作中，经常因为受累受气，而感到心烦意乱。如果我们对他们居高临下，或者不理不睬，那他们自然也不会对我们有什么好感，在办事时，也不会给我们"行方便"。也就是说，如果我们对这些与自己业务相关的人态度恶劣，就有可能会在办事时碰壁。

如果我们把他们当成朋友，对他们显出尊重和关怀，他们也会对我们充满好感。即使对方不认识我们，但依然会对我们有很好的印象。一看见我们的面容，一听到我们的声音就会从心里感到高兴，在我们麻烦对方帮忙办事时，对方一定会欣然答应。在我们需要帮助的时候，对方会给我们各种各样的"方便"。

2

我的一位朋友张琳就非常注意尊重与她业务相关的人,她是公司的财务人员,经常需要跑银行,一来二去的,她和银行里的大堂经理、柜员和保安都成了"老熟人",大家都叫她张会计。张琳虽然不可能认识银行里的每位工作人员,但她无论对谁都很尊重,见到每个人都是笑眯眯的,银行里的工作人员都对她很有好感。

每次张琳去办业务时,柜员都会对她十分热情,大堂里的工作人员也会时不时地跟她寒暄几句,还经常告诉她最近有哪些很好的理财产品。如果在工作中遇到与银行相关的问题,张琳就会直接打电话联系银行工作人员,让自己省了不少事。张琳对银行工作人员的尊重和热情,换来了对方的好感,让自己在工作上获得了很多"方便"。

如果我们能像张琳一样多认识几个业务上的朋友,工作上的事情就能处理得非常顺利。不但可以省掉许多手续上的麻烦,还可以减少不必要的损失。**对于业务上的朋友,我们除了尊重对方、保持礼貌以外,还应该在业务上尽量为对方提供帮助。换句话说,就是要"与人方便"才能"与己方便"。**

业务总是有来有往,今天你请我帮忙,明天我请你帮忙,只要双方愿意互相帮忙,愿意互惠互利,事情就能顺利地办好。除了互相帮助以外,我们办事时还要注意不要让对方久等,不让别人吃亏,这也是另外一种"行方便"。

对于那些来往比较密切的业务上的朋友，我们除了业务上与对方接触以外，还有适当安排一些私人的接触机会，让双方在业余时间也能够交流感情。其实，双方在私下交流时，也可以解决许多业务上的问题。

但是，业务上的朋友与生活上的朋友还是有所不同的，我们在与他们交往时要有所保留，不要过多地透露自己私人生活。虽然，业务上的朋友也有可能变成知己，但是这样的朋友一定是经过时间考验的。在与业务上的朋友交往时，我们一定要把握好度，把个人生活与业务分开，不要为了开展业务而失去了生活。同一个业务领域的人之间，有可能存在竞争关系，与业务上的朋友交往时要有所保留，这也是对自己的一种保护。

为了让工作开展得更加顺利，我们就要尊重每一个与自己业务相关的人，不仅要尊重对方，还要给对方"行方便"。但是，与业务上的朋友交往时，我们一定要注意把握好"度"，不要太过疏远，也不要毫无保留。

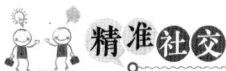

精准社交

对于业务上的朋友，我们除了尊重对方、保持礼貌以外，还应该在业务上尽量为对方提供帮助。换句话说，就是要"与人方便"才能"与己方便"。

向别人传递你的"价值"

1

善于社交的人往往更容易成功，而判断一个人是否善于社交，我们只需要看看他的人际关系就知道了。

如果一个人社交广泛，在不同的社会层面，不同的行业都有关系不错的朋友，而且朋友的年龄跨度也很大，那么这个人的社交能力一定是非常强的。相反，如果一个人的朋友大都局限在他的行业内，关系好的朋友大都是同学、同事或者同行，就说明这个人的社交比较单一，社交能力也比较弱。

一个人身边的朋友能侧面反映他的身份和社交能力。如果他身边的朋友大多数是优秀的人，那么这个人本身的实力和社交能力一定比较强。如果身边的大部分朋友还不如他，他就有可能具有"选择性交往"的心理倾向。有这种心理倾向的人会习惯性地选择自己的交往舒适区，与那些实力与自己相当或者弱于自己的人交往，面对强者或大人物时，他们会选择敬而远之，而这种消极的做法会加深他们与大人物打交道的"恐惧感"。

在如今这个商业社会里，一个人"闭门造车"已经是不可能的了，我们要和各种各样的人打交道。也许我们会碰到一些自己不喜欢的人，或者让我们感到压力和畏惧的人，也许我们会身处在一个自己不喜欢的环境，无论面对什么样的情况，我们都要学会适应。

一个成熟的人，一定是很善于与那些自己不喜欢或强于自己的人打交道的，也一定能够在自己不喜欢的环境中做到游刃有余。我认为他们成功的秘诀只有一个，那就是："积极传递自己的'价值'。"

2

什么是"价值"呢？就是我们能够帮助到别人的能力，即我们的价值能为别人提供帮助，能与别人互惠互利。**很多时候，人际关系能否扩展和积累，都取决于我们的"价值"，这种价值可以是实物也可以是虚拟物品，总归要对别人有一定的价值，要不然，别人凭什么要跟我们继续交往下去呢？**

所以，要扩展交际圈、积累人际关系，光有礼貌、热情和社交技巧是远远不够的，我们还要让自己有"价值"，否则，人际关系对我们来说就如同虚幻的镜花水月。

我的表哥是一个很爱社交的人，但是在我看来，他的所谓"社交"都是无效的。那一大把名片和一堆微信号的背后都没有实质的关系。表哥经常出席各种讲座、论坛，各种聚会上都能看到他的身影，他每次一到场都会积极地与各种人攀谈，交换名片和联系方式。慢慢地，表哥手机里的联系方式越来越多，但是真正的朋友还是只有那么几个。

表哥与人交谈时，言必称"我认识某某某"，但是，他口

中提到的行业大佬却与他没有任何实质上的交往，只是交换了
联系方式而已。表哥"认识"的那些人都没有把他纳入自己的
交际圈。因为表哥对他们而言并没有"价值"，他既不是行业
内的佼佼者，也没有很强大的人际关系，不能与别人形成互惠
互利的关系，自然不会与对方建立真正的朋友关系。

由此可见，**没有"价值"的人际关系，就像是空中楼阁。
展现自己的"价值"是我们建立人际关系的基础。**

3

那么，我们的"价值"应该如何展示呢？我认为包含了以
下三大方面：

◎ **发掘自己的独特价值**

虽然，"新东方"创始人俞敏洪曾经说过："很少人能和
与自己地位差太远的人建立真正的人际关系。"但是，我们也
不必因为这句话而感到太悲观，大人物与小人物之间，就算最
开始无法建立起真正的友谊关系，但也很有可能达成商业上的
合作。只是，前提是小人物要能为大人物提供独特的价值。

这里的价值就是我们所说的"价值"，我们越"有用"，
就越容易建立强大牢固的人际关系。展示自己的"价值"就是
自己的个人品牌，应该先找准自己的价值定位，再针对"目标
客户"进行品牌传播。例如，一位编辑善于发掘好作者，策划
好图书；一位媒体记者交游广阔，眼光敏锐，善于用自己的笔
杆子揭露问题；一位市场营销人员拥有出色的沟通能力，善于
协调各方关系，这些都是一个人的"价值"。

就算身为小人物，我们也有自己的独特价值，我们要弄清自己的优势在哪里，才能展示和传递自己的价值。

◎ 巧妙传递自己的价值

在社交中，我们要善于向别人传递自己的"价值"，只有这样才能促成我们和别人交往的机会，并在交往中加深了解、创造信任。展示自己价值的方式有很多，我们可以通过网络，也可以通过面对面交流。在向别人传递自己的"价值"时，我们要抓住时机，因为对方只需要短短几分钟就能判断出自己是否愿意和我们交往下去。

在与大人物打交道的过程中，我们要保持平常心，尊重自己的价值，并巧妙传递给对方。

◎ 成为人际关系中的"信息中心"

其实，我们身边的很多人际关系都没有产生应有的效益，没有发挥应有的作用，这些人际关系被称为人际关系中的"沉淀资源"。如果我们仔细观察身边的朋友，就会发现他们每个人都有自己的独特价值，但是他们的价值没有被传播，也没有人把他们联系起来。我们在这些朋友之间牵线搭桥，让他们的价值发挥作用。

作为信息的终点，或者发出信息的起点，我们在人际关系中能发挥的作用是十分有限的。如果我们成为了人际关系中的"信息中心"，那么别的朋友也会十分愿意与我们交往，因为我们能促成许多合作，为别人提供很多机会。我们可以通过这种方式巩固和扩大自己的人际关系，让自己的交际圈变得更优秀。

每个人都希望自己能交上有价值的朋友，有价值的朋友才能与我们形成互惠互利的关系，而人际关系的本质就是一种交换，所以"价值"是建立人际关系的基础。如果我们要想与别人建立关系，扩大自己的交际圈，就要学会巧妙传递自己的价值。

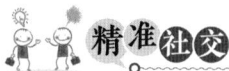

精准社交

人际关系能否扩展和积累，都取决于我们的"可利用价值"，这种价值可以是实物也可以是虚拟物品，总归要对别人有一定的价值，要不然，别人凭什么要跟我们继续交往下去呢？

有意识突破圈层，重塑社交壁垒

1

在当今社会，人际关系就等于机会，拥有更多的社会关系，就意味着比别人多几分机会。所以，我们要有意识地结交和积累各行各业的朋友。

只要我们想办成一件事，就要与这件事中的"关键人物"打交道，如果，没办法和"关键人物"搭上关系，事情往往很难办成，但是只要与"关键人物"建立了关系，事情就变得好办了。而这些"关键人物"很有可能分布在各行各业，如果我们不认识相关行业的朋友，就没有与"关键人物"结识的机会。

俗话说"多个朋友多条路"，有意识地结识各行各业的朋友，能让我们捕捉到更多机遇，而且我们可以通过某个行业中的朋友，结识这个行业中的更多人，获得更多的信息和资源。结识各行各业的朋友就是在丰富自己的社会资源，让自己的人际关系更广。

2

结识各行各业的朋友，也可以让我们人生的道路更广阔，具有更高的眼界。各行各业的朋友们互相帮衬，有时候还会产生无心插柳柳成荫的效果。

思琦是一个集邮爱好者，她经常上网查找关于邮票的各种知识，通过集邮爱好者论坛结识了不少本地的集邮爱好者，经常参加本地集邮爱好者们举办的各种聚会活动，渐渐与他们成为了好朋友。这些朋友中有的人是教师，有的人是记者，有的人是商人，还有的人是医生，汇集了各行各业的工作者。

思琦通过集邮认识的记者朋友一次无意中看到了思琦写的集邮感悟，十分欣赏，于是建议思琦给报纸投稿，他可以帮忙从中牵线拉桥。就这样，通过一段时间的写稿和投稿，思琦成为了一本集邮爱好者杂志的撰稿人。

当教师的朋友看到思琦的集邮事业开展得如火如荼，又恰逢学校开展课外活动，就把思琦请到了学校，给孩子们分享关于集邮的一些知识和趣事，一来二去，思琦成为了学校聘请的校外辅导员。

思琦以"邮票"为媒，认识了许多各行各业的朋友，这些朋友都或多或少地在生活和工作上帮助过思琦。最重要的是，思琦通过这些朋友接触到了许多以前从未涉足的领域，让自己的人生阅历变得更丰富，也让生活变得更加多姿多彩。

大量的事实都告诉我们，机遇的多少和人际关系的广泛程度是成正比的。所以，为了捕捉更多的机遇，我们应该不断扩大自己的交际圈，不要让自己的交际圈局限在某一个或两个行业内，要有意识地结交各行各业的朋友。只有这样，才能获得更多的发展机会。

3

与不同行业的朋友交往并建立关系，是一门学问，首先我们要对朋友所在的行业有一定的了解，并学习一些与该行业相关的常识，起码朋友谈起行业内的事情时我们不会一头雾水。其次，我们还应该参加一些聚会，通过这样的场合去结识不同的人，一般来说，在这样的场合下，我们是有很多机会认识不同行业的人的。最后，我们可以通过爱好来结识不同行业的朋友，有相同爱好的人形形色色，来自不同的行业，不同的地区，而且共同的爱好能更快拉近彼此的距离。

我们在生活中如果遇到不同行业的人，可以有意识地去结识对方，如果对方适合成为朋友，我们就可以与他建立关系。总之，如果有机会认识不同行业的朋友，我们一定不要错过。另外，认识了各行各业的朋友以后，我们在与他们相处的时候还要注意以下几个问题：

◎尊重和理解对方的工作

遇到不同行业的朋友，我们要尊重和理解对方的工作。在了解对方所从事的工作之前，不要对对方的工作大加评判，也不要随意抨击对方行业相关的社会现象，例如医患纠纷问题，或者房地产形势等涉及行业的问题。对方作为业内人士，一定会有不同的立场和看法。在发表自己的意见之前，我们不妨先听听朋友怎么说，也许会对事情产生不同的认识。

◎不要对别人的工作指手画脚

我有一个朋友是小学老师，另一个朋友是一个 8 岁孩子的妈妈，两个人碰面后，那位妈妈总是对学校教育发表各种看法，对那位当小学老师的朋友的工作指手画脚，认为她不该给孩子留太多作业，或"指导"那位朋友与家长沟通。这两位朋友经常不欢而散，后来双方都慢慢不与对方来往了。

作为家长的那位朋友并不了解教师的工作内容，却草率地站在自己的立场上对别人的工作指手画脚，这样的行为只会让朋友厌恶。所以，我们在与不同行业的朋友交往时，不要对别人的工作指手画脚，因为我们并不了解对方的具体情况。

◎向对方学习，了解各个行业的新动态

既然认识了各个行业的朋友，我们就要充分利用"资源"，向这些朋友学习各个行业的相关知识，在与朋友的谈话和交往中增长我们的见识，开阔我们的眼界。每一位朋友

都是一座"宝藏"，我们要从中挖掘到对自己成长和发展有益的知识。

◎ **求不同行业朋友帮忙时要慎重**

如果我们遇到难题，需要不同行业的朋友帮助的话，那么我们在开口求助时一定要慎重。在开口求助前，我们要先弄清楚两个问题。第一个问题是，对方能不能帮上忙？虽然对方是业内人士，但不一定是那个"关键人物"。如果对方是那个关键人物，当然万事大吉。但如果对方不是，我们可以请对方帮忙牵线搭桥，让我们接触"关键人物"。

第二个问题是，帮我们这个忙，对方会不会吃亏？如果对方帮了大忙，我们一定要在事后做出补偿。如果对方帮的是小忙，则可以以后找机会还人情。我们事先一定要弄清楚，对方会不会因为帮我们的忙，而吃了亏。

◎ **为朋友们牵线搭桥**

人际关系是越用越活的，圈子也是在互相帮助中才变得越来越紧密的。我们认识了各行各业的朋友，这些朋友就像我们手中的一条条"线"，而我们要把这些"线"编织成人际关系网，当我们的人际关系变成网时，就会吸引越来越多的新朋友，还可以让朋友们交换彼此的资源，而我们自己也会成为人际关系网中不可缺少的一环。

很多时候，成功的机遇都是从人际关系中来的，所以我们积极建立牢固的人际关系网络，扩展自己的交际圈，有意识地结交各行各业的朋友，让自己捕捉到更多的机遇。

精准社交

俗话说"多个朋友多条路"，有意识地结识各行各业的朋友，能让我们捕捉到更多机遇，而且我们可以通过某个行业中的朋友，结识这个行业中的更多人，获得更多的信息和资源。

把虾米联合起来，能帮你吃掉大鱼

1

俗话说"大鱼吃小鱼，小鱼吃虾米"，这句话体现了残酷的"丛林法则"，也可以用来形容社会竞争的激烈。但是，最弱小的虾米真的只能等着被吃掉吗？

千万不要小看虾米的力量，有时候把虾米联合起来，也可以吃掉大鱼。联合身边的"虾米"，然后一起去吃掉"大鱼"，这样做的成功率会更高。

涓涓细流，也能汇成一股洪流，我们千万不要小看像"虾米"这样的小力量，把它们汇集起来，就能产生令人意想不到的力量。

日本的联合超级市场就是一个由无数"小鱼小虾"组成的庞然大物，它是一个以"联合中小型超级市场共同进货"为宗旨成立的公司，因为"小虾米"的推动，它的发展速度十分惊人。

1973年石油危机之前，三德食品超市的董事长堀内宽二呼吁："中小型超级市场跟大规模超级市场对抗，要生存下去的唯一途径就是团结。"当时响应这个呼吁的中小型超市只有10家，营业额加起来也不过数十亿日元。

但是，现在日本联合超级市场的加盟企业已经达到了225家，店铺数量达到了3000家，总销售额达到了4716亿日元，遥遥领先于西友、大容、杰士果等大规模超级市场。近年来，日本联合超级市场的发展更是十分迅猛，业绩达到了号称巨无霸的西友超市的两倍。

原本只是一个微不足道的中小型超市经营者的堀内宽二，凭借着"不团结就无法生存的信念"成立了联合超级市场，发展到今天，拥有了以前无法想象的规模。在中小型超市与大型超市的对抗中，"虾米"团结起来，打败了"大鱼"。

2

日本联合超级市场的成功正应了一句中国的古话："众人拾柴火焰高"。通过联合的力量，我们可以轻易实现靠个人力量实现不了的目标。很多小企业、小公司在市场大潮的冲击下风雨飘摇，虽然靠着顽强的生命力支撑了下来，但是始终难以形成气候。所以它们必须联合起来，统一战线、团结协作才能站稳脚跟。

群蚂能啃大象，虾米也能吃大鱼，联合微小的力量，在社交中同样可以起到重要的作用。有些人习惯于把目光聚焦在那些取得了耀眼成就，获得了大量财富的成功人士身上，认为只有他们才是自己的"贵人"，只有他们才能为自己的成功提供助力。

但是，要接触大人物，往往需要花费一番工夫，更不要说向对方求助了。暂时接触不到大人物时，我们应该怎么办呢？难道要坐以待毙吗？当然不是！我们还可以联合身边那些不起眼的小"虾米"，把目光放在某些小人物的身上，说不定会有意外的收获。

李强是某集团公司营销总监，他每到逢年过节都要给公司的清洁工、司机还有前台送些小礼物，虽然他们人微言轻，不可能参与公司重大决定，但是他们却是经常可以接触到公司总裁的人。公司经常有文件积压的现象，有时着急等总裁签字的文件因为积压被耽误几天，等文件批复下来，市场商机就错过了。于是，李强想到了为总裁打扫办公室的保洁女工，他请保洁女工打扫总裁办公室时，顺手把夹在文件堆里的销售部文件翻出来，放在最上面，这以后销售部门的文件批复就快多了。李强借助保洁女工这位小人物，帮他办成了"大事"。

3

从上文的故事中，我们可以看出，小人物和大人物的"大小"并不是绝对的，有些事情中，小人物反而能起到大作用。大人物的能力固然很强，但有些事他不一定能帮上忙，或者不愿意帮，这时候我们就要依靠小人物来帮助了。

所以，任何时候我们都不应该小看"小人物"，我们要懂得变通，要重视小人物的力量。小人物就像一颗颗小小的螺丝钉，只要用对地方，运用得当，就能让大机器运转起来。对每一个小人物，我们都要尊重，而且要善于发现他们身上的闪光点。战国时代的孟尝君有门客三千，其中不乏贩夫走卒，他们在历史上被称为"鸡鸣狗盗"之徒，但他们却在关键时刻帮助孟尝君从秦昭王的囚禁中逃脱。

因此，我们在社交中，不要只顾着千方百计地与那些成功人士结交，也要懂得与小人物搞好关系。而且，对小人物我们要尊重并且挖掘他们身上的优点，尤其不要轻易得罪那些大人物身边的小人物。有时候，我们一时结交不到大人物，也可以另辟蹊径，借助小人物的力量帮我们达到目的、办成大事。

精准社交

任何时候我们都不应该小看"小人物"，我们要懂得变通，要重视小人物的力量。小人物就像一颗颗小小的螺丝钉，只要放对地方，运用得当，就能让大机器运转起来。

高情商社交法则4：利他——恰到好处的付出，让你与对方无意识连接

建立和谐的人际关系靠双方的努力，

只有互相帮助，关系才能维持下去。

所以，在请别人帮助的同时，

你也想想自己能为别人做些什么。

任何社交都不是靠单方面付出维持的，

在得到的同时也要付出。

无论是朋友，

还是同事或者其他认识的人有困难时，

你都要主动伸出援手，

因为袖手旁观意味着一段关系的破裂。

自我价值评估：我能为别人做点什么

1

我们究竟喜欢和什么样的人做朋友呢？我想，一般人的心中都不外乎有下面这样几个答案：想和有才华的人做朋友，因为他们总能引导我们的思路，开阔我们的眼界；喜欢和幽默的人做朋友，因为他们能为我们带来无限欢乐，让我们笑口常开；想和温暖的人做朋友，因为他们虽然在物质上不一定能帮助我们，但能给我们带来精神上的鼓励和安慰；喜欢和善解人意的人做朋友……还喜欢和善良的人做朋友……

无论我们想和什么人做朋友，我们在选择对方时，都会首先考虑对方能为我们带来什么。有的人，我们愿意和他交朋友，是因为他能给予我们所需要的；而另一些人，我们不愿和他来往，是因为和他在一起对我们没有任何好处。

我们之所以会有这样的想法，是因为从小就接受这样的教育，父母常常教育我们："你要和成绩好的同学玩！""他成绩太差了，不要和他在一起。"

如果，我们和那些品学兼优的人做朋友，父母就会十分满意。然而，当我们和那些品行恶劣、背景复杂的人打成一片时，就会遭到父母激烈地反对。因为，父母知道，我们会受朋友的影响，会有意无意地从朋友身上获得一些东西。当我们逐渐长大懂事之后，我们也会有意识地选择那些对我们有帮助、有好处的人做朋友。

正如前文所说："社交在本质上是一个社会交换的过程，相互给予彼此所需要的。"这个原则也叫作"互惠互利原则"。有些人认为把社交和交换联系起来是非常功利和庸俗的，会玷污了和朋友之间的真挚友谊，但这种交换却是客观存在的，而且也是我们无法否定的。当然，这种交换不仅仅是指物质交换，也不是市场上的买卖，它包含了我们的情感、信息、人情等各方面的交换，也就是我们通常所说的"好处"

但是，发生在社交中的交换与市场上的买卖遵循的原则是一样的，也就是说，我们都希望自己的付出是值得的，希望自己得到的大于付出的。否则，我们的心理就会失衡，就会对一段关系产生怀疑。

我们常常被告诫，好朋友之间不要涉及过多的金钱往来。因为，生活中经常有这样的事情发生：两个朋友的关系本来很好，可其中一个人借了另一个人一笔钱，久久不还钱，或者干脆不再联系。结果这两个朋友渐行渐远，甚至变成互有怨言的朋友。有时候，所谓的"好朋友"是经不起金钱考验的。

2

　　社交的建立和维系，都是通过价值观筛选后得到的结果。对于那些自己认为值得的人际关系，人们就会选择积极维护。对于那些对自己来说不值得的，失大于得的人际关系，人们就会选择逃避、疏远或者终止这段关系。

　　小刘是一个性格很活泼的小伙子，很喜欢交朋友，他大学毕业后进入了一家机关单位，目前还处于试用阶段。进入单位后，小刘很羡慕那些优秀的同事，也很佩服他们的能力，他希望自己也能融入这些同事中。但是，当小刘试图靠近同事时，有的人却对他并不热情，甚至还有的同事根本不理他。

　　一开始，小刘感到很困惑，他觉得同事之间应该互相帮助。直到有一次，他无意中听到了同事们的议论，才恍然大悟。

　　"小刘对我这么好，估计是想让我教他一点儿东西。但是他什么都不会啊，帮他对我没有任何好处。"一个同事说。

　　"是啊，帮他还不如帮李处长的侄女呢！"另一个同事附和道。这位同事口中所说的"李处长的侄女"是和小刘一起进入了这家单位的另一位新人，而这家单位只有一个名额，两位新人目前都处于试用阶段，试用期结束后单位会选择一人留下。

　　小刘听到同事的话后非常气愤，他觉得那些同事都是势利小人。同时，他也明白了，同事并不欠自己的，也没有理由必须帮助自己。那些同事之所以对自己不感兴趣，是因为自己还不具备让他们感兴趣的实力和条件。

于是，小刘在接下来的工作中非常努力，还利用假期参加了职业技能进修班，积极提高自己的职业技能。功夫不负有心人，小刘在工作上取得了很不错的成绩，获得领导的器重。而那些最开始对他态度冷淡的同事们，也渐渐跟他热络了起来。

试用期结束后，小刘理所当然地被留了下来，而那位李处长的侄女反而被淘汰了。

从小刘的例子我们可以看出，要时刻增加自己的能力和价值，才能让别人愿意与我们交往。这样的话虽然听起来有点功利，但这个道理不仅真实，而且还很实用。

3

我们问了自己喜欢和什么样的人做朋友之后，可以反过来再想一想，为什么我们的朋友选择了我们？是什么让他们愿意跟我们做朋友？我们满足了朋友的哪些需求？我们为朋友带来了什么"好处"？

朋友有困难的时候，我们义无反顾地帮助过他；朋友失落伤心时，我总是默默支持和安慰他；当朋友孤独时，我们总是在他身边陪伴着他；朋友的生活和事业陷入低谷时，我们总会积极伸出援手，为对方解燃眉之急。

若是我们从来没有做过这些，朋友又怎么会喜欢跟我们在一起呢？如果一个人从来没有想过为自己的朋友做点什么的话，那他一定是一个非常自私的人。只考虑别人能带给自己什么"好处"，而从不想自己能给予别人什么，这样的人是非常自私的。

很多人从小在父母的精心呵护下长大，在生活中从来都只扮演"索取者"的角色。进入社会后，还是很难转变自己的想法，对别人的帮助和关怀都理所当然地接受，甚至瞧不起那些不如自己的人。久而久之，他们和朋友之间的关系就会失衡，朋友会渐渐疏远他，其他的人也不愿意与他交往。

我们要记住，这个世界上没有任何付出可以被看作理所当然，也没有任何恩惠能心安理得地接受。我们得到的同时也要学会为别人付出。我们在向别人索取时，要先想一想自己能带给别人什么"好处"。

如果，我们在处理人际关系时，能首先想到维护交换中的平衡，在得到的同时，也能想一想自己为别人付出了什么。那么，我们就不愁交不到朋友。所以，与朋友相处时，我们先不要问对方能为我们做什么，而是要先问自己能为对方做些什么。

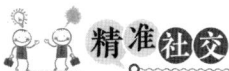

精准社交

我们要记住，这个世界上没有任何付出可以被看作理所当然，也没有任何恩惠能心安理得地接受。我们得到的同时也要学会为别人付出。我们在向别人索取时，要先想一想自己能带给别人什么"好处"。

帮别人化解尴尬，而不是冷眼旁观

1

曾经有人问我："你认为最能体现一个人交际能力的是什么？"我回答："我认为，最能体现一个人交际能力的既不是说话的技巧，也不是能否与别人快速建立关系，而是帮别人化解尴尬的能力。"

帮别人化解尴尬，很考验一个人的情商和反应能力。如果我们能在别人陷入尴尬的时候及时伸出援手，巧妙地帮对方化解尴尬，一定会给对方留下很好的印象，对方也会从内心里感谢我们。而且，对方还会在以后找机会还我们一份人情。

交际能力强、情商高的人，既不会让自己尴尬，也不会让别人尴尬。我们和这样的人在一起总有一种如沐春风的感觉。在生活中，我们难免遇到尴尬事，如果有这样一位朋友在身边，我们就再也不用怕了。

顾琳是一位杂志编辑，一次她受邀去采访一位企业家。那位企业家所在的公司是中外合资的，公司里有一部分外国人，顾琳需要和这些人进行简单的沟通。但是，顾琳的英语不是很好，在与外国人沟通时不小心说错了一个单词，引得大家都笑了起来。

这时，顾琳要采访的那位企业家走了过来，对大家说："好不容易有媒体来采访我们，这是公司的大事，咱们先跟顾老师拍个照吧！"于是，大家的注意力都被他转移了，高高兴兴地拍起了合影。这时，没有人再关注顾琳的小错误，她大大地松了一口气。

这位企业家"机智"地为顾琳化解了尴尬，让顾琳对他产生了很好的印象，在后面的采访中两人也聊得很愉快。顾琳的采访文章也写得很客观，而且角度新颖，发表后获得了很好的反响，那位企业家本人对此也非常满意。

企业家用自己的高情商帮顾琳化解了尴尬，顾琳也投桃报李，花心思写了一篇对企业家形象很有利的好文章。其实，帮别人化解尴尬也是对别人的一种帮助，有时候，这种帮助甚至比借钱给对方还要令人感激。当我们遇到别人陷入尴尬时，一定不要冷眼旁观，而是要及时出手帮对方化解。

2

如果我们能帮助别人化解尴尬，或让别人从窘境中解脱出来，别人也会很乐意与我们交往，因为我们的体贴和暖心已经打动了对方。

尴尬的杀伤力很大，它会让原本热烈的气氛在一瞬间降到冰点，甚至会让人产生逃离当下环境的想法，并且也会对那个让自己尴尬的人产生厌恶和痛恨。而帮助别人化解尴尬的举动就相当于"雪中送炭"，关键时刻的帮助能快速拉近双方的距离，赢得对方的好感。

演员黄渤的高情商是大家公认的，被大家称为"行走的情商教科书"。他在北京电影学院举办一个演讲节目中，向观众讲述了自己亲身经历的一件事：

一次，一位粉丝遇到了黄渤，就上前与他搭讪，两人相谈甚欢，最后那位粉丝说："我很喜欢你演的一部电影，就是你和刘若英，还有刘德华演得那部，我想起来了，就是《天下无贼》。"

听了这位粉丝的话，黄渤一下子愣住了。很明显，这部电影并不是他演的，这位粉丝把他当成了王宝强。这位粉丝又对黄渤说："你能不能帮我签个名呢？"

黄渤想，自己到底是签"王宝强"还是签"黄渤"呢？他考虑了一下，就大方地签下了"王宝强"三个字，并幽默地用王宝强的语气和那位粉丝道了别。

本来，尴尬的人应该是黄渤，因为粉丝和他聊了很久还是没有认出他，并把他当成了王宝强。但是，如果他签上"黄渤"两个字，尴尬的人就成了那位粉丝，黄渤体贴地选择了不揭穿对方，避免让那位粉丝陷入尴尬。这就是黄渤的好修养和高情商，他能有这样的好口碑和观众缘也不是没有原因的。

让别人避免尴尬，帮助别人摆脱窘境，是在做一件非常体贴的好事。那些善于化解尴尬，也愿意出手相助的人一定会在社交中非常受欢迎，每个人都希望自己的身边能有这样一个

"救场王"，为自己带来安全感。

3

然而，帮助别人化解尴尬，就像走钢丝，是一项很有风险的"技术活"。其中的危险之处在于：稍不注意，我们就会弄巧成拙，不但帮不上别人，还有可能让对方受到二次伤害。所以，我们在帮别人化解尴尬时也要讲究方法。那么，具体来说，有哪些方法呢？

◎转移大家注意力，为对方遮掩

当别人陷入尴尬时，我们可以用转移注意力的方式，把其他人的关注点转移，让刚刚发生的尴尬事慢慢被遗忘。在顾琳的案例中，那位企业家就是利用这种方法帮顾琳化解了尴尬，他把大家的注意力转移到了拍照上面，大家自然不会再关注顾琳。

◎装作不知道，当事情没有发生过

有些尴尬，装作没发生或没看见才是最好的化解方法。因为，再次提及有可能会让对方受伤。而且，有些尴尬的场面，用任何语言和动作都很难化解，最好的办法就是假装不知道。有时候，"视而不见"也是一种关怀和体贴。

◎甘当"背锅侠"，替对方背黑锅

我曾经看过一部偶像剧，有一段剧情是这样的：在一次聚会中，女主角因为吃坏了肚子，不小心放了一个很响的屁，这个屁"震惊"了在场的所有人，大家开始追问是谁放的屁。正当女主角尴尬地恨不得挖个地缝钻进去时，男主挺身而出，大声承认这个屁是自己放的。他"英雄救美"的举动赢得了女主角的好感。

当然，主动背黑锅的代价比较大，需要很大的勇气，我们要根据当时的环境和与对方的关系，来斟酌是否应该使出这招"撒手锏"。

◎ 用幽默化解尴尬

幽默是人与人交往时最好的润滑剂，可以轻松地活跃气氛，化解尴尬，所以我们可以用幽默来帮别人摆脱窘境，让大家在欢笑中忘记尴尬和不愉快。适当幽默能体现我们的情商和水平，而低俗的笑话只会暴露我们的品味，降低我们的格调。所以，我们要注意把握幽默的"度"，

与人交往，最难得的是"体谅"和"体贴"，只要把这两点做好了，就能轻易获得别人的好感。帮助对方化解尴尬，从本质上来说就是为对方着想，把对对方的体贴付诸行动。一个高情商、擅长交际的人，不会在别人陷入尴尬时，选择冷眼旁观。因为，这样做对我们没有任何好处，反而会引起对方的迁怒和反感。如果我们能及时伸出援手，帮对方化解尴尬，就能收获一份人情和一份感恩。

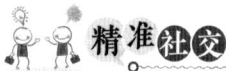

精准社交

让别人避免尴尬，帮助别人摆脱窘境，是在做一件非常体贴的好事。那些善于化解尴尬，也愿意出手相助的人一定会在人际交往中非常受欢迎，每个人都希望自己的身边能有这样一个"救场王"，为自己带来安全感。

自觉利他，是高情商的高境界

①

你曾经有过想求助，却不知道如何开口的时候吗？曾几何时，我连向父母借钱都要左思右想，更别说开口向其他的人求助了。我相信，生活中一定有很多时候，你也是不好意思求人。

中国有句老话叫作"吃人嘴短，拿人手软"，在这种传统思想的影响下，我们向别人求助时，会觉得自己开口就比别人矮一截。所以很多时候，我们都会因为抹不开面子，而不好意思向别人求助。

如果有人能明白我们的感受，看出我们的为难，在我们还没开口求助时，就主动伸手帮我们一把，我们一定会对他万分感谢。感谢他的热心关怀，感谢他的理解和体贴。我相信，这个人一定能给我们留下特别美好的印象。

反过来，如果我们也能这样对待别人，在别人还没开口之前，就主动地给予帮助，那么我们一定能收获对方真正的信任。

全国政协委员、香港繁荣集团董事长、香港"景泰蓝大王"陈玉书就因为一次主动的帮助，为自己赢得了开创事业的本钱。

20世纪70年代初，陈玉书携家人从印尼来到香港。初到香港的他，全身上下只有50港元，为了维持一家人的生活，他什么脏活累活都愿意干，他曾经做过洗碗工、码头工人、粉刷工等等。

其中有一段时间，陈玉书成为了一个"地盘工"，就是在工地上干苦力的建筑工人。这份工作异常辛苦，即使他每天工作到筋疲力尽，也很难养活一家人。因为生活窘迫，陈玉书和妻子谁都不敢生病。尽管如此，陈玉书还是失业了，一家人的生活也没有了着落，他四处求职，但是都被拒之门外。

屋漏偏逢连夜雨，这时陈玉书的妻子又怀孕了，但是他们根本养不起这个孩子。万般无奈之下，他们只好找医生做人工流产，就连手术的费用都是找朋友借的。

一天，陈玉书看到一位身材瘦弱的女士，正吃力地推着一个小男孩玩荡秋千，于是他主动走过去帮那位女士推孩子。后来陈玉书才知道，那位女士是印尼驻香港领事馆一位高官的夫人。

不久后，陈玉书无意中听到一位印尼华侨朋友手头有一大批急需运往印尼的货物，但是这批货在领事馆办理商业签证时遇到了麻烦。陈玉书听到这里，就想起了那位自己刚认识的高官夫人。于是，他找到了那位夫人帮忙，在这位夫人的帮助下，那位华侨朋友的货很快拿到了签证，并在税率上也得到了优惠。

这位华侨朋友非常高兴，他送给了陈玉书5万美金作为酬谢。陈玉书用这笔钱开创了自己的事业，一步步成为一名成功的商人。

在别人有困难的时候，主动提供帮助，不仅能免去对方的尴尬，还会令对方更为感激。如果我们选择袖手旁观，等对方开口求助以后，再考虑是否帮助对方，那么即使我们最后伸出了援手，对方的感激之情也会因为开口求人的难堪和挣扎而大打折扣。

2

从另一个层面上来说，主动帮助别人，也是我们进行自我提升的一种方式。在帮助别人的过程中，我们可以提前学习自己尚未掌握的知识，积累我们不曾有过的经验，为未来的工作和生活做准备。当我们决定主动帮助别人时，我们就是在积累宝贵的人生经验，同时也为自己赢得了一份人情。既然如此，我们还有什么理由不主动对别人伸出援手呢？

主动帮助别人也是一种美德，这种美德让我们更加善良和宽厚，让我们的人生更宽广、更有意义。当我们把主动帮助别人当成一种习惯后，我们就能体会到助人为乐的快乐。身边的朋友会把我们当成知己和"贵人"，不认识我们的人，也会在我们的帮助下渡过难关，并与我们相识、相交。主动帮助别人可以拓宽我们的人际关系，扩大我们的人生舞台。

赠人玫瑰，手留余香，为别人点亮蜡烛，最先被照亮的是我们自己。我们在帮助别人的同时，就是在帮助自己，因为现在我们主动伸手帮助别人，以后我们需要帮助的时候，别人也会出手相助。

美国著名作家哈伯德说："聪明人都明白这样一个道理：

帮助自己的唯一方法，就是主动去帮助别人。"主动帮助别人可以让我们的人际关系网形成一个良性循环，只要有了良好的开端，我们就能"以心换心、种树成荫"。只要我们愿意自发地去帮助别人，我们的人缘就会越来越好，和朋友之间的友谊也会越来越坚固。

3

不过，我们在主动向别人提供帮助时，一定要注意自己的态度，不要高高在上、咄咄逼人。要不然，对方就会认为我们在施舍，或是在乘人之危，不愿意接受我们的帮助。这样一来，就违背了我们的初衷，所以我们在帮助别人时，一定要态度亲切，谦恭有礼。

还有的人警惕性比较好，不会轻易相信别人，如果我们主动提出帮助，很可能会引起他们的警觉，他们会想："无事献殷勤，非奸即盗。这个人这么积极地要帮助我，是不是对我有什么图谋？"基于这样的怀疑心理，对方很可能会拒绝我们的主动帮助。

此时，我们应该往后退一步，与对方保持一定的距离，给对方考虑和做决定的空间。我们要记住，我们主动帮助别人是出于善意，而不是要当"救世主"，别人当然有权拒绝我们的帮助。如果我们不明白这一点，强行提供帮助，甚至对对方的事横加干涉，就会让好事变成坏事。

总而言之，一个善于交际、情商高的人，一定是心怀善意的。面对那些陷入困境的人们，他们会在对方开口之前，就自发地提供帮助。这样的做法，既能使接受帮助的人免于尴尬和难堪，又能让我们收获一份真挚的情谊。主动帮助别人，对我们的社交而言，可谓有百利而无一害。

精准社交

> 赠人玫瑰，手留余香，为别人点亮蜡烛，最先被照亮的是我们自己。我们在帮助别人的同时，就是在帮助自己，因为现在我们主动伸手帮助别人，以后我们需要帮助的时候，别人也会出手相助。

刻意利他，会让你掉入社交黑洞

1

乐于助人是一种传统美德，助人需要热情，更需要智慧和技巧。如果我们在社交中帮助别人时不讲究技巧，让对方的尊严受到损害，就有可能让我们的帮助变了味，不但帮不了别人，还会给对方带来很大的伤害。

我国古代典籍《礼记》中记载了"不受嗟来之食"的故事：

战国时期，齐国发生了大饥荒，有一个叫黔敖拿出粮食赈济饥民，他在路边准备了食物，供路过的饥民来吃。有个用袖子蒙着脸、衣衫褴褛的人走了过来，黔敖拿着碗对这位饥民说"喂！来吃吧！"这位饥民却说"我正因为不吃别人施舍的食物，才落得这个地步！"

这个饥民饿到了极点，但依然拒绝了别人轻蔑的施舍，他宁愿饥饿而死，也不愿意放弃自己的尊严。有的人内心很敏感，很怕别人的拒绝，也更怕别人的不尊重。如果求助时被委婉拒绝，他们反而能够体谅别人的难处。如果对方愿意帮助他们，但却态度轻蔑、言语傲慢，那么他们一定会挺直腰杆，宁可自己为难，也不愿接受帮助。

所以，我们在帮助别人时，一定要注意维护对方的尊严，不要伤害对方的感情和自尊。一个人不得已需要求别人，就意味着他在某些方面不如别人，在能力、金钱或者是身体上暂时处于劣势，这种劣势让他们在心理上也处于劣势。

身处困境已经让人感到十分痛苦了，如果在接受帮助的同时，还要感受低人一等的自卑，或者受制于人的无奈，甚至是被施舍的屈辱，就会让接受帮助的人受到更大的伤害。我们一定要明白，最好的善意是建立在尊重上的，最好的帮助也是不着印记的。

2

我曾经在杂志上看到过一个关于"帮助"的暖心故事，故事中最感人的不是帮助别人的行为，而是那份不着印记的善意。

　　故事的主人公是张老师，她住在15楼，有一个5岁的女儿。张老师所在的小区里有一位王大妈，她儿子和媳妇离婚后，丢下6岁的女儿跟奶奶生活就外出打工去了，常年没有音讯。王大妈一个人带着孙女，生活过得十分困难，平时经常在小区里捡垃圾补贴生活。

　　一次，张老师带着女儿在小区楼下玩，遇到了王大妈和她的孙女。张老师的女儿带着很多玩具，两个孩子很快玩到了一起。王大妈的孙女对张老师女儿的玩具爱不释手，一会摸摸这个，一会看看那个，但是这个乖巧的小女孩知道自己家的经济条件不好，也没有开口向奶奶要玩具。

　　张老师跟自己的女儿商量以后，决定送给王大妈的孙女一个玩具。于是，张老师拿出一个恐龙玩偶送给王大妈的孙女，可王大妈见状，连声说："这个太贵了，我们不能要。"说完她就领着小孙女回家了。

　　过了几天，王大妈在小区捡垃圾时，发现有人把一只恐龙玩偶和一辆半新的玩具车遗弃在垃圾桶里，王大妈开心地把他们捡回了家，孙女看到王大妈手上的玩具，开心极了。

　　张老师和女儿趴在窗前，看着王大妈拿走了玩具，女儿开心地说："妈妈，我们把玩具送到喜欢它们的人手里了。"张老师也笑着说："是啊，玩具们已经安全到达新家了。"

　　张老师的帮助和善意就像温柔的春风，让人倍感温暖，却又不露印记。而且她也为女儿上了最生动的一课，让女儿明**白：这个世界上最好的慈悲，就是让接受帮助的人感到幸福，保护他们那颗敏感的心。帮助别人的快乐，并不是来自于外界**

的赞美，而是发自自己的内心。

或许有人会说，要求人办事，怎么可能一点儿委屈都不受呢？的确，要接受别人的帮助，就有可能要忍受各种各样的委屈。但如果有选择，我们在给予别人善意和帮助的时候，应该尽量不带任何条件、任何偏见。

3

虽然，帮助别人是善良之举，但帮助别人也是要讲究技巧的。如果我们一不小心，让自己的好心伤害了别人，那就是好心办坏事了。因此，我们在帮助别人时，要注意以下几点。

◎**不要用施舍的态度**

我们帮助他人的时候，千万不要用施舍的态度，因为这会让别人有种被侮辱的感觉。况且，我们帮助别人是希望与别人建立良好的关系，又何必摆出一副施舍的嘴脸呢？既然要帮人，就应该拿出真诚的态度，真心地帮助别人。施舍的态度，会让我们的善意被抵消，甚至会让对方耿耿于怀。

◎**根据对方的需要提供帮助**

面对一个饥饿的人，我们送上一堆书籍，这样的帮助合适吗？当然不，因为我们没有解决对方的核心问题，也没能解对方燃眉之急。我们提供帮助时，应该考虑到对方真正的需求，千万不要自说自话、自以为是地给对方一些无用的帮助。

◎**让对方愉快地接受**

很多人都会陷入一种误区，那就是：我帮助了你，你就要对我感激涕零，要流着泪表示感谢。这种想法是完全错误的，是一种道德绑架。我们帮助别人的时候，要让对方愉快地接受。"助人为乐"传递的是快乐和幸福，而不是要对方感恩戴德。发自内心地帮助别人，也让对方把感谢放在心中，记住这份人情，这不是更好吗？

◎ **帮助别人不要邀功**

有的人在帮别人做了一点小事以后，就迫不及待地向对方邀功，或者向其他的人显摆自己的功劳："你们看，幸亏有我，不然……"这样的帮助显得太功利，不仅会给当事人带来很大压力，还会引起其他人的反感。面对这种好邀功的助人者，被帮助的人会想办法迅速还清人情，然后再也不和他来往，这才是这种做法最大的坏处。

帮助别人必须讲究技巧，否则不仅达不到传递善意的效果，还容易得罪人。帮助别人时尊重别人，讲究方法，才是真正的善良。

精准社交

这个世界上最好的慈悲，就是让接受帮助的人感到幸福，保护他们那颗敏感的心。帮助别人的快乐，并不是来自于外界的赞美，而是发自己的内心。

怎样消除社交中的隔阂？

1

当孩子不再需要我们时，说明他已经长大成人，开始了自己的生活，往后也会离我们越来越远。孩子的求助，对父母来说永远是甜蜜的负担。

当父母不再需要我们时，说明他们有可能已经不在人世。人生短短几十年，终有一天我们要送别父母，千万别让自己徒留后悔和悲伤

当爱人不再需要我们时，说明对方可能不再在乎我们。有时候被求助也是一种在乎，不要失去了才知道要珍惜。

当朋友不再需要我们时，说明对方已经和我们有了隔阂，不再像以前那样相信我们，有什么事都跟我们商量，有什么困难也找我们帮忙。朋友的求助是对我们的信任，我们不要辜负了这份信任。

所以，无论是孩子、父母、爱人，还是朋友，我们都要珍惜这些曾经求助于我们，或者正在求助于我们的人。因为他们的求助，我们的人生才更有意义，生活才充满色彩。如果没有了这些愿意向我们求助的人，我们的生命会变得苍白而无趣。

人们常说："事不关己，高高挂起""只扫自家门前雪，

休管他人瓦上霜"，但是这种价值观所传达的是一种冷漠和明哲保身的做人态度，它的背后是对人性深深的失望。难道我们要抱着失望与悲观生活下去吗？

其实，**我们应该换一种角度看问题，我们可以把他人的求助，看成是对我们的信任。他人愿意向我们求助，也从侧面说明了他们信任我们的能力，认为我们能担当重任。因为狄更斯曾经说："世界上能为别人减轻负担的都不是庸庸碌碌之徒。"**

能被他人求助，说明我们被尊重、被需要，也说明对方是真心地把我们当朋友。如果你有一个认识很久的朋友，但他从来没有向你求助过，那么你们的交情一定不是很深。如果一个好朋友慢慢地不再向你求助，那一定是你们之间有了裂痕和隔阂。

2

有时候，他人的求助甚至能给我们的内心带来温暖和力量，这种力量源于朋友对我们的信任。

我有一位关系非常好的朋友，虽然我们经常因为一些问题而争执，但是从来没有因为这些争执而产生过隔阂。

我们原本只是普通朋友，但是一次"求助"让我们的友谊发生了"质变"。当时，我那位朋友要到德国交流学习两个月，但她很不放心独自留在家里的妈妈，几乎每天都会给妈妈打电话。一天，朋友打了很多遍电话，她的妈妈也没有接，手机和家里的座机都无人接听。

朋友一下子慌了，但是她在本市的亲戚不多，打了几个亲戚的电话，对方不是去了外地，就是在离她家很远的地方。于是，朋友想到了我，她抱着试一试的想法，打通了我的电话。她在电话里焦急地拜托我帮忙去她家里看看，她妈妈的身体不太好，她怕妈妈一个人在家里发生了什么事。

我接到电话后，立刻打车赶到了她的家里，正当我使劲敲门时，朋友的妈妈回来了。原来，阿姨出门散步忘了带手机，在我说明来意后，她赶紧给女儿回了电话，并对我表达了谢意。虽然是虚惊一场，但朋友也很感谢我的热心帮忙，她一回国就请我吃饭，并给我带了礼物。经过深入交流，我们才发现，彼此的共同语言很多，慢慢地，我们的感情也越来越好。

其实，我接到朋友的求助电话后，第一反应并不是嫌弃朋友事多，而是从内心中涌起一股责任感，因为我听得出对方非常着急，同时，也感受到了对方寄托在我身上的信任。

朋友之间求助，意味着信任，也能增进双方的感情；不求助，则意味着隔阂已经产生。

3

当朋友不再向我们求助时，可能我们和朋友之间已经有了隔阂。那么，当我们察觉到自己和朋友之间有了隔阂时，应该怎样弥补呢？下面有几点建议，可以帮助我们弥补友谊的裂痕，重新建立信任。

◎认真梳理与朋友之间的关系，找出隔阂产生的原因

当隔阂产生时，我们要静下心来，认真梳理一下，我们和朋友产生隔阂的原因究竟是什么？有哪些客观原因？又有哪些主观原因？是否因为第三方的原因而导致了隔阂的产生？如果我们一时之间难以回答这些问题，可以暂时先放一放，等自己冷静下来再进行梳理。只有理清了头绪，我们才能有针对性地解决问题，还能从中吸取教训，避免以后再发生类似的错误。

◎心平气和地接受别人的意见

当我们和朋友产生了隔阂、发生了矛盾，难免周围会有人对此议论纷纷。此时，我们应该心平气和地接受别人的意见，如果别人说得有道理，我们就应该引以为戒。如果别人说得不对，我们也不要跟他计较，因为他不是当事人，并不了解其中缘由，难免会有误解。

◎客观地寻找自己的不足之处

两个人之间产生了隔阂，一定不是其中一方的原因，所以我们要客观地寻找自身的原因。通过对自我的剖析，我们就能明白问题的症结所在。发现了自己的错误以后，我们就要立即改正，并随时提醒自己注意。

◎找机会与朋友真诚沟通

我们在梳理清楚自己的问题后，应该寻找适当的机会，与朋友进行真诚的沟通。双方沟通时，应该放下成见，坦诚地沟通彼此的想法。真诚沟通，是消除隔阂的最好方法。

◎创造条件消除隔阂

除了与朋友真诚沟通以外，我们还要创造条件，与朋友

消除隔阂。找个合适的契机，促进我们和朋友和好如初。我们可以邀请朋友吃饭、约朋友周末一起去郊游，或者一起去看一场电影，在欢声笑语之中，让彼此心中残余的"坚冰"逐渐消融。

◎一如既往地对待朋友

当我们和朋友恢复关系以后，仍然要一如既往地对待朋友。既然双方都认为事情已经过去了，我们就不应该再提起过去的隔阂，要像过去一样与朋友交往，让时间弥合一切裂痕。

总而言之，我们不要把朋友的求助看成一种负担，朋友之间互相帮助是正常的人情往来，也是加深彼此关系的一种方式。朋友的求助，是对我们的信任和需要，如果朋友不再向我们求助，就说明我们和朋友之间已经有了隔阂。我们应该想办法去消除隔阂，恢复关系。

不仅是朋友之间需要这样做，在社交中与其他人有了隔阂也可以采取以上方法消除隔阂。

精准社交

我们应该换一种角度看问题，我们可以把朋友的麻烦，看成是对我们的信任。朋友愿意麻烦我们，也从侧面说明了他们信任我们的能力，认为我们能担当重任。因为狄更斯曾经说："世界上能为别人减轻负担的都不是庸庸碌碌之徒。"

付出后，不期待

1

对别人提供帮助，本来是一件对双方都有益的事，一方面可以拉近彼此的关系，让友谊进一步升华；另一方面，可以优化我们的个人形象。但是，如果我们把对别人的帮助当作一种恩惠，并把这种恩惠挂在嘴边，就会产生适得其反的效果。接受帮助的人心里会不是滋味，其他的人也会对我们产生负面看法。

前不久，张云的家里出了事，需要用一大笔钱，他在无奈之下向公司另一个同事王樊宇借了两万元。但是，从那以后，张云的苦恼就来了。原来，王樊宇总是在其他人面前提起自己借钱给张云的事。没几天，全公司的人都知道了这件事，张云感到十分苦恼。

一次，公司同事聚餐，张云和王樊宇都参加了，席间大家推杯换盏，频频敬酒。王樊宇的酒量不太好，于是拜托张云帮忙挡酒，张云一开始也愿意相助。但是，张云挡了两轮后，其他同事就不愿意了，怪王樊宇不应该让张云帮忙。王樊宇反驳道："我和张云是哥们儿，他帮我挡酒有什么不可以。"

本来，张云听到这里心里还挺高兴，谁知，王樊宇继续说："再说，我还借了他两万元呢。"张云听到这话，**当场就**

变了脸色，他的心里很不是滋味，聚会结束后就一个人离开了。后来的几个月里，张云靠吃馒头咸菜度日，用最快的速度凑齐了两万元，还给了王樊宇，他对王樊宇说："兄弟，你的钱我已经还给你了，还有利息也一起还了，不会让你吃亏的。"王樊宇这才知道，自己的话无意中伤害了张云。

很多人都和王樊宇一样，总希望别人记住自己的恩惠，然后知恩图报，恨不得帮了别人一次，别人就得感激他一辈子。这样的想法实在是要不得，我们要明白，帮助别人并不是对别人"施恩"，而是一种发自内心的行为，应该建立在"我想这样做"和"我愿意这样做"的意愿上。挟恩图报的行为会让我们的善意和帮助都变了味，对被帮助的人来说，也会显得你目的不纯。

虽然，帮助别人得到感谢和回报也是在情理之中的，但是感谢的话应该由被帮助的人来说，被求助者不应该把"恩惠"挂在嘴边，时不时拿出来显摆和提醒别人。**帮助了别人，我们就要把这份"恩惠"忘掉，就算无法忘掉，也不要经常挂在嘴边。因为，我们每提一次对别人的"恩惠"，对方对我们的感激就会减少一分。长此以往，对方欠我们的人情就会被慢慢抵消了。**

2

我们身边有很多喜欢把对别人的"恩惠"挂在嘴边的人，他们在帮助别人以后，总是在对方面前表现得趾高气扬，把自己的帮助挂在嘴边，强调自己的付出，希望对方能给自己丰厚的回报，也希望自己能得到好名声。在这样的人心中，接受他帮助的人都是低自己一等的，否则就是忘恩负义。

但是，他们却没有想到，把对别人的"恩惠"挂在嘴边，就是在精神上"放高利贷"，会给别人造成巨大的精神压力。我们应该引以为戒，拒绝这样的行为，这么做不仅得不到被帮助者的感恩，还会对自己的形象产生不良影响。把"恩惠"挂在嘴边的行为，就是白费力气，出力不讨好。

帮助别人不应该成为"施舍"，也不应该抱着"我是你的恩人"的想法。小说《灵魂的枷锁》中有这样几句话，令我印象十分深刻："杀死这孩子的不是他的脆弱，而是援助者的援助，当援助成为施舍与恩典，他不再是渡人于困厄之中的方舟，而是锁住灵魂的枷锁。"

当帮助变成恩典和施舍，那种受人恩惠的屈辱感，就会成为灵魂的枷锁，和一辈子都还不清的精神债务，这样的帮助又有什么意义呢？ 有的人也许不是故意要挟恩图报，而是有口无心，想到什么就说什么，用自己的"恩惠"来打趣对方，或者以此来显摆自己的能耐。

虽然他们没有恶意，也没有其他的想法，但没有想到自己的行为会伤害对方。一个人在向别人求助时，心理上其实已经处于劣势，心灵也会变得脆弱而敏感。这个时候，哪怕无意提起的"恩惠"，听在他们的耳中也带上了恶意和屈辱感。所以，我们在与自己帮助过的人相处时，要格外注意自己的言语，不要提及自己对对方的帮助。

一个聪明的人，在帮助过朋友以后，就会马上把这件事抛到脑后，绝不会再提起。就算对方真的已经忘记了，也不会旧事重提。我们也应该做一个这样的聪明人，就算对方真的忘恩负义，我们静静离开就可以了，不要抱着"恩惠"和对方讲道理，因为我们是无法叫醒一个"装睡"的人的。

"恩惠"这种事，越是挂在嘴边，价值就越低，带给对方的温暖和感动也越少。再好的话说一百遍就成了废话，"恩惠"也同样如此，说得次数多了，再大的"恩惠"也会变成负担和枷锁。我们帮助了朋友以后，就应该让这件事过去，知恩图报的人自然会把我们的帮助记在心里，至于那些忘恩负义的人，无论我们怎么反复提醒，都是毫无意义的。

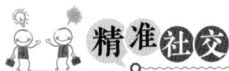

精准社交

> 帮助了别人，我们就要把这份"恩惠"忘掉，就算无法忘掉，也不要经常挂在嘴边。因为，我们每提一次对别人的"恩惠"，对方对我们的感激就会减少一分。长此以往，对方欠我们的人情就会被慢慢抵消了。

高情商社交法则5：感恩
——与外界刻意互动

无论是谁都会遇到困难和挫折，

世上没有解决不了的困难，

也没有一成不变的人生际遇。

无论外界的环境如何变化，

你都应该用真诚的心对待社交。

在你向他人求助时，不管对方有没有帮上忙，

都应该真心地说一声谢谢。

无论对方是困顿窘迫，还是风光得意，

只要他需要帮助，

你都应该真诚地出手相助。

以心换心，真诚相交，互惠互利，就是最有效的社交。

谢谢的艺术

1

我们向别人求助，对方答应我们帮忙，最后却没能把事情办成，这是生活中常遇到的事情。有的人心胸豁达，对此毫不在意，虽然对方没能帮上忙，但依然感谢对方的热心和仗义。但有的人却心胸狭窄，不能理解对方的困难和苦衷，只要事情没能办成，就埋怨对方。

第二种人的心态是完全错误的，这也是情商低、不会处理问题的表现。对方答应帮助我们，这本身就已经说明了对方的态度，证明对方心中有我们，愿意把我们当朋友。即使对方没能把事情办成，也有可能是因为某些客观原因，我们不能因此就否定了对方的努力。

况且，人与人之间的交往和人情往来并不是"一锤子买卖"，这次的事情没有办成，以后还要交往，下次也许我们依然有事要求助于别人。所以，就算对方没能帮我们把事办成，我们也要心存感激一次，我表弟想买一台电脑，恰好我的一位同学在一家品牌电脑专卖店里当店长，于是我就拜托那位同学帮我表弟以内部优惠价买台电脑。我同学虽然愿意帮忙，但不能保证一定能争取到内部价格。结果由于我表弟看中的那款产品卖得比较"火"，而又没有内部购买价格，所以没有申请到优惠价。

但表弟和我也并没有表示失望，反而请同学吃了顿饭，对她表达了谢意。同学非常不好意思，她觉得自己没能帮上忙，说："真是不好意思，没帮上忙。不过年底我们公司会发员工内部折扣卡，表弟如果愿意等两三个月再换电脑，可以用我的折扣卡，优惠力度很大的。"我对同学再次表示了感谢。

我知道，以前同学公司发的折扣卡，她都是送给自己的家人，或者卖给别人的，这次却愿意把折扣卡送给我的表弟。我想这是因为我们在她没能帮上忙的情况下，仍然表示感谢的行为，让她感到很暖心，于是，她主动提出下次买电脑用她的折扣卡。

试想一下，如果我和表弟没有对同学表示感谢，甚至怪罪她，那么她一定不会主动提出下次买电脑可用她的折扣卡。

2

别人努力帮助了我们，虽然事情没办成，但对方也因此付出了时间和精力，如果我们连一句"谢谢"都不说，对方以后就再也不会帮我们办事了。其实，对方帮助我们不一定是为了得到回报，也不是图我们的一句"感谢"，但对方一定希望我们明白他的心意。所以，我们要让对方知道，我们感激他的付出，也领了这份情。

做人不光要心怀善意，还要目光长远。社交是一件长期的事，不要因为对方一次没帮上忙就冷眼相向，甚至翻脸不认人。这种没有人情味的做法，是自毁长城，会把那些愿意帮助我们的热心朋友推得远远的。这样一来，我们不仅失去了一个人生路上的助力，也失去了一位值得信赖的朋友。

要知道，求人办事，本来就不可能百分之百成功，我们不能把所有的希望都寄托在别人身上。事情本来就是我们自己的，别人愿意帮我们的忙，就已经仁至义尽了。另外，我们还要考虑对方是否有能力帮我们把事情办成。

如果，别人已经明确表示了办不到，我们就不应该强求。有些人做事时只考虑自己，求人办事时，也丝毫不为别人考虑，根本不在乎别人有什么困难，认为只要自己开口，别人就一定要答应，否则就不依不饶，一直闹到别人无奈地答应为止，这也是求人办事的大忌。

许文的老同学郑明是一家知名公司的员工，许文找自己的这位老同学，表示自己要到这家公司应聘，希望郑明能帮忙。但郑明拒绝了，他说自己只是公司普通员工，没能力帮这个忙，但是，在许文一再请求下，郑明只好答应试一试。应聘结果出来以后，许文看自己没能入选，就对郑明说："你这个人真是不够朋友，这么点儿小事都不肯帮忙。"郑明心里很不是滋味，于是，他在心里暗暗打定主意，以后再也不和许文来往了。

每个人都有自己的难处，当我们向别人求助，而对方表示为难时，我们一定要表示理解，千万不要胡搅蛮缠，强迫对方答应帮助我们，更不能在事后抱怨对方"不尽心"。做生意尚有"买卖不成仁义在"的说法，朋友之间更是如此。别人愿意帮忙，那是对我们的情分，不愿意帮忙，也是合情合理的，没有什么可以计较的。因为能力不足，没能帮上忙，这也是很正常的。

3

人与人之间的交往应该是自然的，双方如果都因为这段关系感到了压力，那么这段关系就很难长久地维系下去了。当我们向对方求助时，其实无形中就已经给对方制造了压力，这个时候，如果我们还不能理解对方，就会让对方的压力更大，即便是再深的感情也经不起这样的摧残。

所以，我们做事时，要给自己留有余地，不要把身边的朋友越推越远，也不能断了自己的后路。在对方没有帮我们把事情办成时，我们也要感谢对方，这样既能维系和朋友的情谊，也能为以后的交往打下良好的基础。

事没办成，也要说谢谢，这是赢得友谊的方法，也是维护人际关系的一件法宝。就算事情没办成，我们也要对办事的人表达感谢和鼓励，让彼此的感情更加融洽，为彼此的关系留下进一步发展的余地，这才是聪明的做法。

精准社交

> 人与人之间的交往和人情往来并不是"一锤子买卖"，这次事情没有办成，以后还要来往，下次也许我们依然有事要"麻烦"别人。所以，就算对方没能帮我们把事办成，我们也要心存感激。

用礼物赢得好感

1

随着人们生活水平的提高，大家出门旅游的机会越来越多。随着旅游热潮的兴起，一个问题渐渐成了人们新的困扰，旅游回来后，到底应不应该给同事和朋友带礼物呢？如果带礼物，什么样的礼物才合适呢？

我认为，可以在旅游回来时，为身边的同事和朋友带一份小礼物。这份礼物不需要太贵重，它更多的作用是表达我们的心意，表明我们记挂着对方。送同事和朋友小礼物，不但能和他们分享旅途的快乐，还能收获祝福和友谊。

雨晴在一家商贸公司担任海外销售的工作，她前段时间在法国完成了一大笔订单，公司为了奖励她，给她放了十天假。于是雨晴就在法国玩了几天，回来后她给自己部门里的每位同事和朋友都带了礼物，同事和朋友们收到雨晴从法国带回来的土特产、香水、纪念品等礼物时，都非常开心。

雨晴说："同事们都知道我去旅行了，随手带点小礼物，也分享一下旅行的快乐。而且这些礼物并不贵，一点小心意，就能让大家都开心，何乐而不为呢？"

雨晴的贴心举动让同事和朋友们对她更加亲近了，平时工作上遇到了小麻烦，大家都愿意帮衬她。而且，同事们出去旅行也会记着给雨晴带一份礼物。

同事之间每天抬头不见低头见，工作也有着千丝万缕的联系，搞好关系是非常有必要的。一旦与同事产生了嫌隙，我们的工作势必会受到影响，严重的还会影响到生活。如果能与同事搞好关系，我们工作起来一定会更加顺利和轻松。

与朋友的关系越融洽，我们的生活就越充实和快乐。如果不关心朋友，我们就会和朋友越走越远，甚至会失去这份友谊。

因此，通过送一些小礼物，主动增进同事和朋友的距离，是一件很有必要的事。

2

那么，我们要在旅游回来后，带些什么样的礼物给同事呢？其实，礼物不用太贵重，心意到了就可以，哪怕只是一张小小的明信片，也能表达我们对同事、朋友的一份心意。不过，虽然说"千里送鹅毛，礼轻情意重。"但是带什么礼物给同事和朋友也是有讲究的。虽然不必在意价格，也不用与人攀比，但也不能随手乱买。

礼物体现的是我们的心意和关怀，如果过于贵重，则会显得太刻意，会令收礼的人感到尴尬和负担。如果礼物送得不合适，甚至会让对方感到难堪，所以，**我们送同事礼物时，最好从"实用"和"趣味"的角度出发，挑选一些合适的礼物**。我们可以选择以下几种类型的礼物。

◎有地方特色的美食

中国人都喜欢美食，有地方特色的当地美食，不但实用、有特色，而且这类礼物价格也不会很贵。最重要的是，送当地特色美食，无论哪位朋友或同事都会欣然接受，即使有人不喜欢，也可以转送给别人。送朋友或同事特色美食，可以说是一种万能的送礼方式。

◎送当地特产茶叶

茶叶，也是中国人礼品单上的"万金油"。很多人都有喝茶的习惯，也有品茶、爱茶的习俗。而且无论对方来自哪里，年龄多大，送茶叶都不会失礼。即使对方不喝，也可以送给自己的家人或朋友。另外，喝茶有益健康，送茶叶就相当于送健康。

◎送生活和工作上的实用小物件

我们可以给同事带一些特色文具或办公用品，一来对方用得上，二来这样的礼物送给谁都很合适。对朋友，我们可以送一些生活上的实用小物件，最好是选对方能用得上，而且有一定当地特色的。这类礼物不仅实用，而且价格不贵，收礼的人不会很别扭，送礼的人也送得自然。

◎送旅行纪念品

如果我们的旅行目的地是大家不常去的地方，就可以带一些有特色的旅游纪念品送给同事和朋友，让对方感受一下不同的文化和特色。精心选购的纪念品，可以体现我们的品味和巧思，让这份小礼物显得更有人情味。

最后，我们还可以带一些旅游景区的明信片。虽然人们现在更倾向于用互联网发送祝福，但明信片依然有它的价值，好看、朴素、具有文艺范儿，深受白领的喜爱。用明信片写上祝福和旅游见闻，然后送给同事，也显得我们更用心，更有人情味儿。

总的来说，**旅行回来带给同事和朋友的小礼物，要以"轻松无负担"为原则，也就是说，既要让收礼的人轻松无压力，也要让送礼的人没有金钱上的负担。只有这样，才能创造出愉快的氛围，让双方关系更融洽。**

3

旅行时，给同事和朋友带什么礼物，要根据我们经济情况和旅游目的地来定，并没有一定之规，但是为了避免发生让彼此尴尬的情况，我们在送礼时要注意以下几个要点。

◎礼物以精致小巧为宜

太笨重的东西不仅不好带，而且会显得太庄重，容易让对方有负担。精致小巧的礼物可以让对方摆在家里或办公桌上，时刻提示对方我们对他的关怀和惦记。

◎记得去掉礼物的标签

虽然同事和朋友不会指望我们旅行回来带的礼物有多贵重，但是我们最好把礼物的标签撕掉，一方面是因为礼物明码标价显得不礼貌；另一方面是如果礼物价钱不贵，对方看到也许会产生一些想法，认为我们很小气。

◎礼物要送新的

千万不要送对方"二手货"，这样不仅不能和对方搞好关系，还得罪对方。所以，我们送别人的礼物一定要是新的、没有使用过的。

◎给礼物加上美观的包装

美观的包装能为礼物增色不少，内容和形式并重，更能表现我们的心意，如果随便用一个塑料袋装，就显得太随便也不美观。如果没有精美的包装，至少要做到外观干净、包装完整。

◎不要送太私人的礼物

有些礼物太私人，如果关系不到位，最好不要送。例如，女性送男同事皮夹，就显得过于亲密；男性送女同事衣服，也是不太合适的。

◎送礼物要注意场合和时间

旅行回来送给同事和朋友的礼物一般是人人有份，所以，我们要送就要大大方方地送，千万不要把某个人落下。送同事礼物时，如果只给自己部门的同事带了礼物，就要保持低调。另外，送同事礼物时，最好利用上班前和下班后的几分钟时间，不要占用工作时间。

情商高的人，懂得利用一切机会向同事表达自己的心意，所以旅行或出差回来后，一定会给同事和朋友带一份小礼物，既不费力，也不费钱，却能帮助我们获得同事的好感，拉近与朋友之间的关系。

精准社交

旅行回来带给同事和朋友的小礼物，要以"轻松无负担"为原则，也就是说，既要让收礼的人轻松无压力，也要让送礼的人没有金钱上的负担。只有这样，才能创造出愉快的氛围，让双方关系更融洽。

欲进尺，先得寸

1

沙漠中行进一天的商队，晚上露营时，商队中的一个人搭起了帐篷，他正准备休息。忽然，另一个人伸头进来，说："亲爱的朋友，外面真的好冷啊，你能不能让我把头伸进帐篷里暖和暖和？"帐篷的主人很善良，答应了这个人的请求。过了一会儿，那个人又说："亲爱的朋友，我的头暖和了，但是脖子和背都很冷，你能不能允许我把上半身也伸进帐篷呢？"帐篷的主人又答应了。又过了一会儿，那个人又说："我能不能把脚也放进来呢？"因为帐篷实在挤不下两个人，帐篷的主人只好搬到了外面。

在故事中，要求进帐篷取暖的人，可以说是"得寸进尺"，一步一步地让帐篷的主人同意他的要求，最后反客为主，占用了别人的帐篷。这种行为当然是不好的，但是我们可以从中看到很明显的"登门槛效应"。

所谓"登门槛效应"，就是当一个人先接受了一个小要求，为了保持形象一致，后面他就有可能接受一个更大、更不情愿的要求，这种效应也可以被称为"得寸进尺效应"。

如果，我们一开始就向别人提出一个较大的要求，别人一定会觉得很难接受。如果我们逐渐提出要求，一步一步地让对方妥协，人们就会比较容易接受。对方会一再让步的原因是因为他已经适应了我们不断提出的小要求，却没有发现我们不断提出的请求，已经离最终目标越来越近了。

这种向别人求助的方式就像我们上台阶一样，不能一步到位，只有从脚下的台阶一级级开始，一步一步地登上去，才能达到我们的最终目的。

当我们想让别人做一件事，如果把任务直接全部交给他，往往会让对方产生畏难情绪，进而拒绝我们的请求。如果我们采取"化整为零"的方法，先提出一个小要求，再一点点地提出后面的要求，别人就会抱着"帮人帮到底"的想法，帮我们做完后面的事。

2

曾经有个人做过一个有趣的调查，他访问了美国郊区的一些家庭主妇，请每位家庭主妇把一张关于交通安全的标识贴在窗户上，然后再在一份关于安全驾驶的请愿书上签名。面对这些小而无害的要求，很多家庭主妇都爽快地答应了。

两个星期后，这个人再次拜访了这些家庭主妇，请求她们在自己的院内竖起一个提倡安全驾驶的大招牌。这个大招牌并不美观，而且还要求保持两个星期。但是结果表明答应了第一个请求的人当中有55％的人接受了这个请求。这个人又到了另一个地区，对这个地区的主妇们直接提出第二个要求，这次只有17％的人接受了这个要求。

这个调查反映人们的一个普遍心理：一开始答应了别人的要求，展现出友善、合作的态度，即使后来对方提出的要求有些过分，也不好意思拒绝。在生活中，我们要想让别人答应自己的要求，就可以利用这种心理，也就是"登门槛效应"。

如果我们有一件棘手的事要请别人帮忙，最好在提出自己真正的要求之前，提出一个对方肯定不会拒绝的小要求，再一步步把后面的事说出来。或者，我们可以反其道而行之，先提出一个对方一定会拒绝的要求，等对方否定后，再提出真正的要求，这样可以大大降低被对方拒绝的可能性。

有些二手车经销商在卖车时会把价格标得很低，等客人准备购买时，再加上各种附加费用，而大部分客人往往会接受这样加价。二手车经销商的行为正是利用了"登门槛效应"。如果一开始的价格就很高，客人肯定不会接受。

在工作上和生活中，我们都懂得循序渐进的道理，在麻烦别人时，我们同样要懂得循序渐进。有人可能会说这是"得寸进尺"，不可否认，我们的确利用了人们的一种普遍心理来达到让对方答应我们要求的目的。

但是，我们的初衷却不是要伤害别人，只是要提高"麻烦"别人的成功率。最重要的是，别人帮助了我们，我们也一定会记得这份人情，并想办法报答对方。不过，我们在运用这种技巧时，一定要注意，不要招致对方的反感，如果对方已经明确拒绝，就不要再死缠烂打。

另外，我们在循序渐进地向对方提出请求时，还要考虑到对方的实际情况，不要强人所难，要求一些对方做不到的事，或者损害对方的利益。如果在对方不愿意的情况下，我们利用"登门槛效应"迫使对方就范了，或者在请对方帮忙的过程中损害了对方的利益，那么双方的关系就会从此破裂，我们就会失去一个朋友。

总之，掌握了"得寸进尺"的方法，就是获得了促使别人答应帮助我们办事的技巧，我们就会成为一个高段位的"麻烦者"。

精准社交

当我们想让别人做一件事，如果把任务直接全部交给他，往往会让对方产生畏难情绪，进而拒绝我们的请求。如果我们采取"化整为零"的方法，先提出一个小要求，再一点点地提出后面的要求，别人就会更容易接受我们的请求。

区别对待，让每个人都被重视

1

俗话说"知己知彼，百战不殆"，我们在请别人帮忙之前，一定要充分了解对方，才能掌握好"度"，既要达到自己的目的，又不让对方反感。不了解对方，就贸然提出要求，是一种很不明智的行为。

遇到急事，我们不能"病急乱投医"，随便开口求人，对方不答应事小，如果给别人留下冒失的印象就不好了。求人办事之前，一定要了解对方，只有知己知彼，我们才能有针对性地制定行动策略，采取不同的说话技巧。

求人不看对象，是很难把事情顺利办成的，因为不同身份地位、不同性格爱好，甚至不同性别的人都有不同的心理特征，面对他人的请求，也会做出不同的反应，所以我们必须了解对方以后才能把握分寸，把事情办成。

《世说新语》中有这样一则故事：

有个叫许允的人在吏部做官，其间他提拔了很多自己的同乡。魏明帝知道后，就派人去抓他。在许允被抓走之前，他的妻子赶出来告诫他："明主可以理夺，难以情求。"这话的意思是：对英明的君主可以用道理说服，却不可以用感情去祈求他。

当魏明帝审讯许允的时候，许允果然没有哀求皇帝，而是直言道："陛下的用人原则是'唯贤是举'，我的同乡们我最了解，请陛下考核他们的才能，如果不合格，我愿意接受处罚。"魏明帝派人考察了许允提拔的同乡，发现他们都很称职，于是就把许允给放了，还赏赐了他一套新衣服。

许允的妻子充分考虑了对方的身份和地位，她明白皇帝以国家为大，不可能感情用事。许允只有摆事实讲道理才有可能说服皇帝，洗脱结党营私的嫌疑。许允向皇帝陈明了自己的道理，并表示不怕皇帝考核，以"理"求得了皇帝的理解。

2

求人办事除了要考虑对方的身份和地位，还要注意留心对方的性格。一般来说，一个人的性格特点会通过动作、表情、言谈、情绪等流露出来。例如，快言快语、举止利落、眼神犀利、情绪起伏较大的人，往往性格很急躁；热情直率、活泼好动、反应迅速、爱说爱笑的人，往往性格十分开朗；说话慢条斯理、眼神坚定、表情变化不大、举止有分寸的人，一般性格都很稳重；那些安静、不苟言笑、喜欢独处、不善与人打交道的人，性格一般比较孤僻；而口出狂言、自吹自擂、好为人师的人，往往十分骄傲自负；那些懂礼貌、讲诚信、情绪稳定、尊重别人的人，一定是个谦虚谨慎的人。面对不同性格的人，我们要区别对待，具体问题，具体分析。

《三国演义》中，马超率兵攻打葭萌关时，诸葛亮私下对刘备说："只有张飞和赵云两位将军才能抵挡马超。"

张飞听说马超前来攻打，就主动请求出战。诸葛亮却故意说："马超智勇双全，无人能敌，除非从荆州把云长唤来，才能与马超对敌。"

张飞说："军师为什么要小瞧我！我曾经单独抗拒曹操百万大军，难道还会怕马超这个匹夫吗！"

诸葛亮说："马超这个人英勇无比，天下的人都知道，他渭桥六战，把曹操杀得割须弃袍差一点丧命，绝不是等闲之辈，就是云长来了也未必能胜过他。"

张飞说："我自愿请战，如果不能战胜马超，我甘愿受罚。"

诸葛亮一看，自己的"激将法"起了作用，就顺水推舟地说："既然你立下了军令状，就以你为先锋吧！"

诸葛亮针对张飞暴躁冲动的性格，就用"激将法"来说服他，先说他无法担当重任，再激他立下军令状，以此增强他的责任感和紧迫感，激发他必胜的决心，扫除他轻敌的思想。

3

我们在求人办事时，对方的身份地位、性格特点、兴趣爱好、长处和弱点、思想情绪等都要关注。但是，对方的身份、地位和性格是最重要的，我们必须优先关注、重点关注。我们在观察和了解对方时，要多结合客观事实，少做一些主观推断，只有这样才能更准确地认识对方。

我们的观察和了解可以从两个方面入手。第一个方面是语言。语言可以反映对方的性格特点和心理活动，还能传递对方对事物所持有的态度。从心理语言学的角度来说，谈话时常用"果然"的人通常强调个人的主张，会有些自以为是；说话时经常使用"其实"的人，通常都很希望别人能多关注自己，他们的性格中多少都带有一点儿倔强和自负；而那些经常使用"最后如何如何"这类语言的人，大多是潜在欲望未能得到满足的人。

第二个方面是行为举止和表情。我们通过分析一个人的行为举止和表情，能够捕捉到他更真实、更微妙的思想。例如，抱着胳膊，表示对方在防卫或者在思考；昂首挺胸，表示对方非常自信；抖动双腿的动作，表明对方内心有些不安，正在思考对策。如果我们能仔细观察和总结，就能通过对方的肢体动作了解对方的真实想法。

我们对求助对象的了解，不能只流于表面，还应该主动激发对方的情绪，通过对方情绪的波动，把握对方的思想动态，并顺着对方的思路提出我们的请求和看法，这样才比较容易成功。

总之，我们在请别人办事之前，一定要先了解对方，只有这样才能有针对性地采用合适的方法，让对方欣然接受我们的求助。

精准社交

　　遇到急事，我们不能病急乱投医，随便开口求人，对方不答应事小，如果给别人留下冒失的印象就不好了。求人办事之前，一定要对对方有所了解，只有知己知彼，我们才能有针对性地制定行动策略，采取不同的说话技巧。

真诚去爱身边的人

1

在一个人得意的时候，向对方提供帮助，是锦上添花；在一个人失意时，向对方施以援手，是雪中送炭。对被帮助的人而言，锦上添花和雪中送炭，哪一个更为难得，自然不言而喻。

对失意的人给予帮助，即使我们的帮助十分微不足道，只是一个拥抱、几句鼓励，都能让对方牢牢记住我们的这份人情。即使我们并不要求回报，等对方"翻身"的时候，也不会忘记我们当初给予的温暖和帮助。可以说，雪中送炭的情谊比锦上添花要珍贵百倍。

当年，钱钟书在写小说《围城》的时候，生活过得非常窘迫。为节省开支，夫人杨绛只好辞退了家里保姆，亲自操持所有的家务。就在这时，当时的著名导演黄佐临找到了钱钟书，诚恳地与他洽谈喜剧《称心如意》和《弄假成真》的拍摄，并把稿酬支付给他，帮助钱钟书渡过了难关。

多年以后，钱钟书已经功成名就，众多导演和电影公司纷纷出高价，想购买《围城》的影视版权，但却没有人成功。只有黄佐临导演的女儿黄蜀芹，不仅拿到了《围城》的拍摄权，还得到了钱钟书的亲自接见。

这让其他的导演们都很不解，原来，黄蜀芹在拜访钱钟书的时候，带着父亲黄佐临的一封亲笔信。于是，钱钟书想起了40年前黄佐临雪中送炭的帮助，他很想回报黄佐临的这份恩情，就将拍摄权给了黄蜀芹。

人在风光得意之时，身边自然围绕着一群恭维附和的人。因为，每个人都知道，与一个功成名就的人亲近，也会在无形中增加自己成功的机会。建立优质的人际关系，就能接触更广阔的舞台，获得更多的机遇。

但是，却很少有人愿意跟一个落魄又失意、陷于困境的人打交道。因为，跟这样的人结交，不但不能给自己带来好处，反而会给自己带来麻烦。俗话说："富在深山有远亲，穷在闹市无人问。"虽然说世上的人情从来如此，但是，在别人风光的时候去依附和恭维，真的能让对方将目光投注到我们身上吗？对方真的会在意我们的帮助吗？答案恐怕是否定的。

2

在这个社会上，没有谁是傻瓜，每个人的心里都清楚，风光得意时聚集在身边的朋友，多半是看到了自己身上的光环，想从自己身上得到些什么。一旦自己失势落魄，还愿意向自己伸出援手，为自己雪中送炭的人，一定是寥寥无几。所以，"锦上添花"的帮助，通常不会被别人铭记在心。

锦上添花，其实就是表面功夫，是那些趋炎附势或有求于人的家伙耍的手段。只有雪中送炭才是"真功夫"，才是打动人心的"功夫"。雪中送炭就是一个人最渴望别人帮助的时候，给予他最大的支持和温暖。对于获得帮助的人来说，就像万里黄沙中的一口甘泉，茫茫大海上的一片浮木。

生活中，有许多投机取巧的人，他们在别人风光的时候，不太需要帮助的时候，跳出来帮个小忙，企图赚上一份人情。但却在对方真正需要帮助时，选择了隔岸观火。最终的结果是白忙一场，对方不但不领他的情，反而看清了他的小人行径，可谓得不偿失。

我在报纸上看到过这样一则报道：

王伟民是村子里第一批下海经商的人，也是村里最先富起来的一批人，但是他一生没有子女，也没有兄弟姐妹。他辛苦打拼一辈子，老了以后却无人照顾。不过，两年前村里唯一的大学生王利群却把他接到了自己的家里，像对待亲生父亲一样孝顺、照顾王伟民。

这是为什么呢？原来，当年王利群刚上初中时，父亲在外打工，不幸身亡，母亲丢下他走了，家庭的变故让少年王利群成了一个无人照看的孤儿。善良的王伟民把这一切看在眼里，于是，他给王利群提供了6年的生活费和学费，一直供王利群读到高中。王利群考上大学以后，王伟民还给了他一笔钱作为奖励。虽然，大学以后王伟民就没有再资助王利群，但王利群却始终铭记着这份恩情。

做人不能太功利，不要看到别人风光了、发达了，就使尽浑身解数地讨好；看别人落魄了、失意了，就立刻躲得远远的。人的一生有高低起伏，不会一直辉煌，也不会永远沉寂。我们要把目光放得长远一点，只有这样才能让自己的路走得更远、更稳。功利心太重的人，少了几分人情味，很难收获真正的友谊，更不会获得别人真心的信任和喜爱。

人情就是财富，多个朋友多条路，千万不要吝啬对落魄之人的支持，帮助一个身陷困境的人，也许只需要一点小小的付出就能帮助他渡过难关，但我们却能收获一份很大的人情，即使对方没有因为我们的帮助渡过难关，我们也无愧于心。

一个人今天落魄，不代表他永远与成功无缘。我们不妨把人际关系也看成一种"投资"，不要吝啬那一份小小的帮助。

精准社交

雪中送炭就是一个人最渴望别人帮助的时候，给予他最大的支持和温暖。对于获得帮助的人来说，就像万里黄沙中的一口甘泉，茫茫大海上的一片浮木。

社交心法：让别人重视你，关键在于你的存在感

在日常生活中，
你有无数个机会去改善自己的社交状况，
而有些机会稍纵即逝，
失去它，就会让关系走向恶化，
抓住它，就能让关系越来越紧密。
能不能抓住这些机会，
取决于你自己的一言一行。
所以，精准社交的基础是做好自己，
用自己的言行，
塑造一个美好的形象。

先学会做自己，再谈社交

1

每个人的社交枢纽都是自己，社交生活的主角也是我们自己。所以，要想改善自己的社交状况，就要先认识自己、做好自己。

最近有一位朋友给我讲了一件发生在他身上的事。

这位朋友是一家公司的区域经理，平时一心扑在工作上，是个工作狂。但是，他对社交却不是很擅长。在公司里，他很少与同事和下属交流，总是埋头干自己的事。

上级对他的印象是务实敬业、专业能力强，但不善交际。下属对他的印象是不苟言笑的严厉上司。但是，他本人并没有意识到其中的问题。直到一次，他的助理对他说："经理，你知道大家平时都叫你什么吗？""不知道。"

"大家都叫你'虎姑婆'，因为你总是很严肃，也不和大家说话，公司里的同事都很怕你。"朋友得知这件事后，十分吃惊，他从来不知道，原来自己的严肃和不苟言笑给下属带来了这么大的压力。

助理又说："你每天早上来到公司，大家都坐在办公桌前，你却从来不和大家打招呼。午休时间，你也不参与大家的闲聊。除了提要求和谈工作，你从来不跟大家说一句多余的话。"

助理的这番话犹如醍醐灌顶，让朋友终于明白了自己的问题。于是他用对待工作的严肃态度，把与下属和同事交流这件事安排进了每天的日程。每天上午他都会抽出时间，离开自己的办公室，与下属聊聊天。午休时，也会和大家聊聊轻松的话题。

从此以后，朋友觉得自己的消息灵通了很多，做决策时也更加顺利。最重要的是他与公司同事的关系变得更融洽了，大家对他的工作也更加支持了。

过去，我的这位朋友从来没有意识到自己的不善言谈是一个问题，直到助理侧面提醒他要多与人交流，他才察觉到自己的问题。通过自己的实践，我的这位朋友也感受到了社交的重要性，他明白了，要改变社交状况，就要先改变自己，从自己做起。

2

我们有很多家人、朋友、同事，他们每个人都与我们建立了关系，如何处理好这些复杂的社交关系，是我们不得不面对的问题。在社交活动中，我们的一举一动都会对自己的生活产生十分深远的影响，其中包括我们的工作表现、感情生活、子女教育和婚姻幸福等重大人生议题。

只要对自己的行为稍加注意，我们就能发现行为可以反映人的心理状态和真实性情。简单来说，就是行为方式会反映人的性格。例如，一个人的求婚方式、培养孩子的方式、对待下属的方式，与朋友交流的方式都可以反映他的性格。

性格决定我们如何做自己，以及我们会做什么样的自己，而如何做自己，对社交来说，是至关重要的。我们所有的社会关系，都与我们自己的行为方式息息相关。我们的言行举止会影响人际网络的特性，但是我们却从来没有想到过，利用自身的特性去发展和影响人际关系。

《认识你自己，改变你生活：学会改变，做好自己》一书中提及："自我意识是一个人对于自身的基础性认知。如同工匠通晓手中的工具，音乐家精通乐器那样，要想改变自己，首先就要将自身视作变化的载体……要善于发挥自身的特点，首先要认识自己，要对自身有个整体认识。"由此可见，**只有认识了自己，我们才能有意识地改善自己的人际关系**。

3

我们要经常留意自己的行为是否妥当，还要思考自己应该如何进行调整和改善。这需要我们在日常生活中用心发现和总结，这样的总结于人于己都是十分有利的。就像本节开头提到的我那位经理朋友，他以前"目空一切"，不与同事交往的行为，会伤害自己的人际关系，但当他察觉到自己这种行为不妥以后，就开始留心自己平时的言行，他的社交状况也随之发生了改变。

如果我们不留意自己的言行，屡屡冒犯别人而不自知，这些粗心大意的行为就像是日常社交中的慢性病毒，会无声地侵蚀我们的人际关系。行为方式可以决定人际关系的"生死"，我们必须认识自己，改善自己，做好自己，才能获得和谐的人际关系。

那么，我们应该怎样做呢？我们可以从以下三点开始做起。

◎首先，要确定自己需要在哪些方面进行完善

我们要先觉察自己的行为，确定自己有哪些行为需要改善。不过，能做到自我觉察的人毕竟是少数。所以我们要善于听取别人的意见，本节开头中我那位朋友也是经过助理的提醒，才意识到了自己的问题。如果，我们对别人的意见置若罔闻，那么我们就永远也不可能做出改变。

但是，能改善自己人际关系的只有我们自己，任何人都无法代替我们去完成。与同事、家人、朋友的正确相处方式只有靠我们自己去摸索。我们的人际关系在我们自己的一言一行中被建立和发展，也有可能因为我们自己某个不恰当的举动而分崩离析。所以，我们要留心去发现自己有哪些短板，然后再想办法去改善。

我们每天都在和自己相处，我们有一生的时间去了解自己。所以，对自己的觉察应该是伴随我们一生的。我们常常说，年龄越大越人情练达，这就是因为我们在不断地观察自己，完善自己。

◎改变自己在社交中的为人之道

如果我们下定决心改变，就要从改变自己的为人之道开始。不过，人的行为是有惯性的，要自己改变有一定难度。所以，我们可以请一位"社交助理"帮助我们，这位"社交助理"可以是我们亲近的家人，也可以是关系很好的朋友。

我们可以请"社交助理"观察我们在社交活动中的一言一行，帮助我们改正不妥当的地方，同时，也可以请"社交助理"观察我们在社交活动中的"闪光时刻"，我们可以在以后的社交中把这些"闪光时刻"延续下来，形成自己为人处世的风格。这样一来，我们既能修正自己的行为，又能形成自己的个人特色。

◎**善用自己的个人标签**

我们的言行对人际关系有着重大影响，决定着人际关系的"生死"，同时也彰显了自己的个性。每个人的个性就是我们的个人标签。例如，有的人快言快语，有的人热情仗义，还有的人沉稳可靠。

我们要善用自己的个人标签，展现自己的个性魅力，让自己在社交中具有更大的吸引力。不过，我们要注意的是，个人标签是通过行为表现选出来的，嘴里说的再好听也是没用的，只有言行一致才有说服力。例如，有的人天天标榜自己慷慨大方，但是平时的行为上却斤斤计较，别人只会觉得这个人虚伪。

我们每天都有改变人际关系的机会，而能否抓住这些机会，取决于我们自己。只有做好自己，我们才能改善自己的人际关系，让自己的社交充满正能量。

精准社交

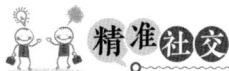

> 我们平时的一言一行可以决定人际关系的"生死"，我们必须要认识自己，改善自己，做好自己，才能获得和谐的人际关系。

用人格魅力铭刻属于你的社交印记

1

莫妮卡是美国西南航空公司的一位空姐，她之所以选择这样一份职业，是因为一段终生难忘的经历。可以说，这段经历影响了她的人生轨迹。

那一年，莫妮卡刚接到西南航空公司的聘用通知，但她的内心仍然很犹豫，是不是应该选择这份工作。她当时正在机场的候机大厅准备登机。突然，人群中传来一阵哭声。原来，是一位即将独自乘坐飞机的小女孩害怕得哭了起来，和妈妈的分离令小女孩感到惶恐不安。

这时，陪在小女孩身边的空姐拿出了自己的电话卡，开始教小女孩使用机场的公用电话，小女孩学会之后，给外婆打了个电话。在电话中，小女孩的外婆再三保证一定会准时到机场接她。经过外婆的安抚，小女孩的情绪终于平复了下来，并十分乖巧地在那位空姐的陪伴下登上了飞机，并且在接下来的旅程中也没有再哭闹。

那位空姐的举动不仅安抚了小女孩，也让莫妮卡的人生发生了改变。那位空姐那一刻的善意让莫妮卡深受感动，她决定接受西南航空公司的聘用。那位空姐给莫妮卡留下了充满正能量的印象，用自己的人格魅力在莫妮卡的生命中铭刻了一道印记。

其实，在社交中，也有无数个这样的时刻。我们会因为别人的某句话、某个举动，而深受感动，别人也会被我们的言行所影响。能否在社交中给予他人正能量，取决于我们的人格魅力。

人际关系是否能够长久和牢固，很大程度上取决于双方对彼此的印象，也就是双方铭刻在彼此脑海中的社交印记。凡走过，必留下印记，我们的有些举动虽然是无心的，但是却会在一段关系中留下糟糕的印记，导致关系的破裂，让彼此都十分遗憾和失望。

那么，我们要如何防止这种情况的发生呢？我们知道人际关系状况取决于人的行为。我们的一言一行全部都印在别人的脑海中，形成对我们的印象。别人对我们的印象决定了我们和他之间的关系。所以，我们有很多可以让别人改变印象的机会，也有很多改善人际关系的机会，我们对这些机会的利用程度决定了我们的人际关系状况。

2

改变印象，铭刻社交印记的关键在于抓住人际关系的节点，有一些节点是显而易见的，只要我们做出正确选择，就能给别人留下好印象。例如，在与别人初次见面时，热情主动地与对方打招呼；或者接受别人帮助时，及时表示感谢并找机会回报别人。

而有些人际关系节点，却稍纵即逝，甚至要错过以后我们才会明白，原来我们曾经有机会改善一段关系。例如，商家因为自己的某些行为失去了客户，当时没有意识到自己的错误，在事后分析时才明白自己的某些做法导致了客户的流失。

面对错失的机会，我们常常感到后悔和沮丧，难道我们就只能被动等待吗？当然不是！我们不要一味地被动等待机会，还要主动创造机会，给对方留下好印象，用我们的人格魅力在对方的心中留下深刻的印记。例如，送朋友小礼物，帮自己的伴侣做一顿美食，和同事分享零食，主动向上司汇报工作等。这些好方法都可以让我们主动地给对方留下好印象。

一次，我给一个朋友小薇打电话，我问她："你在干什么呢？"

小薇说："我在做饭啊，今天我男朋友要到我家吃饭，我要让他尝尝我的手艺。"

小薇的话让我很惊讶，要知道她一向信奉"大女人主义"，认为女人应该追求自己的事业，不应该围着老公和孩子转。所以，她从来不会给男朋友做饭，之前谈的那个男朋友也是因为小薇性格太强势而分手的。

我好奇地问道："你为什么会想到给男朋友做饭呢？"

小薇说："我现在想为他做饭，是因为我觉得他很辛苦，想让他开心一点。"

我高兴地对小薇说："太棒了！小薇！你抓住了人际关系的节点！"

小薇："什么？"

我："人际关系节点，就是会对双方关系产生影响、能让对方产生好印象的机会。面对这样的机会你有三种选择，可以争取之后再错过，也可以直接放弃，或者成功地把握它。你就成功把握了巩固你们之间感情的机会。你真是太厉害了！"

小薇沉默了："为什么我以前没有想到过呢？我之前的恋爱就是这样失败的吗？"

和小薇的谈话也点醒了我，让我仔细回想了自己和家人、朋友、同事的相处，我发现自己错过了许多人际关系的关键点，也错失了很多影响别人、给别人留下好印象的机会。我决定在以后的生活中，也要主动创造机会，改善自己的人际关系状况。

3

人际关系节点每天都会出现很多次，可以说，每当我们与别人打交道时，节点都会出现。我们在和客户、同事打交道时、与家人、朋友相处时，他们都会出现。每个关键节点都会用不同的方式决定人际关系的走向，如果我们成功把握住了关键节点，就会对这段关系起到促进作用。但如果忽略或放弃关键节点，就会对人际关系产生消极的影响。

关键节点可以组成各种各样的人际关系，而我们在关键点的表现，会给对方留下或好或坏的印象。我们可以找到那些和自身形象相关的节点，然后好好把握和利用这些节点，就能成功塑造自己的正面社交形象，促进我们与别人之间的关系。

关系的产生和建立，也许需要一些机遇和缘分，刻意强求不来。但是一段关系如何发展，最终走向何方却是由双方的行为决定的。在社交中，如果我们想让一段关系有好的发展，就要注意自己的言行，用自己的人格魅力影响别人。

精准社交

面对错失的机会，我们常常感到后悔和沮丧，难道我们就只能被动等待吗？当然不是！我们不要一味地被动等待机会，还要主动创造机会，给对方留下好印象，用我们的人格魅力在对方的心中留下深刻的痕迹。

在社交中突出自己的存在感

1

在一次会议中，老板问公司的高层管理者："作为一名公司管理者，你觉得自己最重要的任务是什么？"大家纷纷发言，有的人说领导者的主要任务是提高公司利润，有的人说是帮助员工高效地完成工作，还有的说是知人善任。坐在会议室后方的张惠语气坚定地说："凭借自己的影响力，去影响客户和下属，改善与他们之间的关系。"

张惠的话令会议室变得一片安静，也没有人再接话，大家好像屏住了呼吸。接着，大家不约而同地鼓起掌来。

张惠的答案是正确的，管理者最重要的任务就是用自己的影响力，影响身边的员工。这个答案也同样适用于社交当中。人际关系的建立，就是用自己的影响力去影响别人。而在社交中施加影响力的途径，就是突出自己的存在感。

我们每个人都是客观存在的，无论我们在哪里，都要占用一定的空间，无论我们在哪里生活过，都会留下自己的印记。但心理上和社交中的存在感，却是无形的，如何在社交中突出自己的存在感，需要我们每个人认真地去学习。

在社交中，存在感越强的人，影响力也就越大，人们在交往时，会互相影响，并且能在影响的过程中改变自己。对我们大部分人来说，如何利用影响力去改善自己的社交状况，是一个大问题。

我们作为普通人，都不觉得自己有什么影响力，也不会注意自己的言行。这是因为我们没有发现自己在日常生活中的一言一行都是在对别人施加影响力。

我在上初中时，曾经有一位老师，对我和当时的同学们都产生了很大的影响。我记得那位老师姓唐。唐老师是我们的语文老师，他上课幽默风趣，讲解深入浅出，很受同学们的喜爱。唐老师很关照班上的困难同学，经常帮助他们，为他们垫付教辅资料费用，还常常请这些同学到自己家里吃饭。

一次，班上有一位同学的钱包被偷了，大家议论纷纷，同学们都在猜测是谁偷了钱。当时的班长提议让大家拿出自己的书包，和同桌互相检查。唐老师知道后，制止了大家，他说："不管是谁拿了别人的钱包，我都准备给他一次机会，明天之内，把钱包放到教室讲台的抽屉里，我就不追究了。"过了一天，唐老师果然在教室讲台的抽屉里找到了丢失的钱包。

唐老师拿到了钱包后说："我很高兴，今天能在这里看到这个钱包。说明拿钱包的人知错能改，没有让我失望。"唐老师的言行给我们上了生动的一课。很多年以后，唐老师的宽容和善良依然影响着我，让我在为人处世中常常记得为别人着想、宽容他人的过失。

这就是人与人交往中产生的影响力。我们可以回想一下，自己在社交中有没有影响力呢？我们是怎样影响别人的？别人又是怎样影响我们的？这几个问题很重要，因为，影响力关系着我们在社交中的存在感。

2

影响力越大的人，在人际关系中存在感就越强。我们不妨回想一下，那些对我们来说影响力很大的人，他们无一例外都有着很强的存在感，就像上面提到的唐老师，即使过去了很多年，他在我们心中仍然留有很深刻的印象。

所以，如果我们想提高自己在社交中的存在感，就要提升自己对他人的影响力。而且，影响力是可以传递的，例如，唐老师影响了我，而我也用自己的行动影响了别人。通过这样的传递，我们的影响力就会越来越大，存在感也会越来越强。

那么，我们要怎样提高自己的影响力呢？下面有几种方法。

◎ **为自己找一个榜样**

我们可以回想一下，那些对自己来说影响力很大的人，他们的身上有哪些特质？他们在待人接物时是怎样做的？我们可以通过学习和模仿来提升自己的影响力，把别人带给我们的正面影响，慢慢传递下去。

◎ **做到言行一致**

要想提升自己的影响力，就要做到言行一致、说到做到，才能展现自己的品质和德行。一个言行不一致的人，会失去别人的信任，得不到别人的信任，就无法影响别人。所以，言行一致是提升影响力的基础。

◎ **具备学习和思辨的能力**

要想具备一定的影响力，我们就要了解身边的人，了解我们生活的环境。我们要运用敏锐的观察力和洞察力，了解身边人的举动和心理诉求，还要保持学习和进步，了解社会发展的趋势和逻辑。此外我们还要保持独立思考的能力。没有学习能力和思辨能力的人只能人云亦云，是不可能具备影响力的。

◎ **遵从互惠原则**

我们在社交的过程中必须遵循互惠原则，只有这样才能建立良好而和谐的人际关系。而影响力的作用是建立在和谐的人际关系上的。如果无法建立和经营人际关系，我们就不能对别人施加影响。

而且，我们之所以有影响力和存在感，是因为别人对我们的在意。正是因为别人在意我们，把我们放在心中特殊的位置，我们对他来说才有影响力，我们在他们的生活中也会具有强烈的存在感。别人对我们的这份情谊，我们也要以心换心，用自己的真心来回报对方的厚爱。

影响力是在与他人相处的过程中慢慢形成的，我们需要别人来成就自己，也要为他人服务，在与人相处的过程中塑造自己，找到自己的存在感。

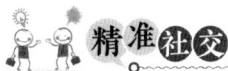

精准社交

影响力是在与他人相处的过程中慢慢形成的，我们需要别人来成就自己，也要为他人服务，在与人相处的过程中塑造自己，找到自己的存在感。

敢于示弱

1

我们身边有一种很讨人厌的人，这种人好为人师，骄傲自大，自以为是。但是孟子说："人之患在好为人师"，这也就是说"好为人师"是人的一种共性，生活中的大多数人有这种爱好。我们在社交中，可以巧妙地利用这种共性，多向别人请教问题，塑造在他人面前的良好印象。简单来说就是，请教他人，能获得他人的好感。

小董刚进公司不到三个月，虽然他是职场新人，但他在工作上任劳任怨、踏实肯干，又很有几分聪明劲儿，所以他深受上司的青睐。上司经常指导他的工作，并很快分派给了他一个重要的任务。

接到这个任务以后，小董进行了周密的分析和调查，并形成了若干的方案，又逐条分析了利弊，最后才向领导请教应该是用哪个方案。其实，小董自己心里已经有了答案，领导也对他的方案表示了认可，准备采用他的方案。此时，他又向领导请教应该实施那个方案。看到小董的举动，领导在心里想："小伙子不仅能力强，而且情商高，是个好苗子。"于是，就放手让他去做，自己在后面支持他。

过了半年，由于工作出色、态度谦卑，领导破例提拔小董当了经理，并且还专门跟其他几个部门经理打招呼，让他们多帮助小董。所以，小董在工作中经常能够得到其他部门的配合和支持，让他的工作开展得非常顺利。一年以后，小董又顺理成章地升职了。

2

经常请教别人，能向对方释放一种信号：在我心中，你是一个很有能力的人，你看，我又来向你学习了。如此一来，对方就会产生强烈的成就感和荣誉感，会觉得自己受到尊重，自己的能力也得到了认可。自然而然地，对方就会对我们产生好感。

在社交中，很多人都心高气傲、恃才傲物，不把前辈、同事看在眼里，甚至连领导和长辈都看不上，认为对方不过是运气好才当了领导，或者因为年龄大才获得尊重，换了自己也一样能行。这样的人是非常不讨喜的，也很难获得别人的好感和赏识。

虽然，有一些领导、朋友、同事甚至父母、长辈，他们的学历不如我们，某些方面的能力也不比我们强。但是他们也有自己的长处，我们怎么能保证，自己每个方面都能胜过对方呢？与其盲目自大，端着"高人一等"的姿态，不如遇事多向别人请教，这样不但能提升自己的能力、开阔自己的眼界，还能给别人留下很好的印象，可谓是一举两得。

生活中有无数个例子都向我们证明，那些勤学多问、善于请教的人更容易得到好感和赏识，也能拥有更和谐的人际关系。因为提问能显出我们的求知欲和谦逊，特别是在职场上，善于提问的人显得更有工作热情，也更加诚恳和谦虚。试问，这样的人谁不喜欢和他交往呢？

千万不要认为提问会让自己丢脸，也不要认为提问是麻烦了别人。殊不知有的人是很喜欢别人向自己请教的。因为这样能充分体现出他们的价值，以及他们的高明之处。向别人提问也是一种变相的赞美和认可，像这样聪明的提问和请教，别人不仅不会觉得麻烦，反而会欣然接受。反倒是那些不懂装懂、什么都不问的人会让别人觉得他在"打肿脸充胖子"。

另外，向别人请教和提问还可以作为一种交际手段，我们在和对方沟通交流时，如果对方透露出自己擅长的事情，我们可以顺势请教对方，这样就会勾起对方交谈的兴致，让对方对我们产生好感。

无论在职场上，还是在生活中，我们都不要做出一副什么都懂的样子，即使真的懂，也不要表现得锋芒毕露，更不要去抢别人的风头，这样惹人厌烦的行为会让我们失去好人缘。当然，装不懂也是需要一定技巧的，并不是要真的装作什么都不懂，这样反而太过，而是要显出谦逊的态度，给别人留下发挥的空间，然后再请教别人，让对方对我们产生好感就行了。

3

请教别人也要讲究正确的方法，如果不讲究方法乱问一气，很可能会起到相反的效果。请教别人，一方面是为了让我们自己有所提高；另一方面为了体现我们的谦逊，赢得别人的好感，所以我们在请教别人时要注意以下几点：

◎表现出热情和兴趣

向别人请教时，我们要充分表现出自己的热情和兴趣。要知道，我们的好奇心可以最大程度上地满足对方"好为人师"

的心理。如果我们的提问既不热情，也没有表现出强烈的兴趣，对方为我们解答问题的热情也一定会减少。

◎**先思考再提问**

我们在请教别人时，要尊重对方的时间和精力，不要提一些"没营养"的问题。即使我们真对某个领域不太了解，也可以先查阅一些资料，或者先思考一下，再向别人请教。这样可以让我们自己更好地消化吸收，对方也可以有针对性地解答我们的问题。先思考再提问，是对知识的尊重，也是对对方的尊重。

◎**不耻下问，虚心求教**

孔子说"三人行，必有我师"。无论对方是谁，一定有值得我们学习的长处，千万不要因为对方某一方面不如我们，就不愿意向对方请教。对任何人我们都要做到不耻下问、虚心求教。谦虚好学的人永远都有进步的空间，也更容易获得别人的好感。

◎**态度谦虚，有礼貌**

请教别人也是求人办事的一种，既然是有求于别人，我们的态度就要谦虚，还要注意礼貌，"你好""请问""谢谢"这类礼貌用语千万不能少。有的人在请教别人时，还摆出一副高高在上的姿态，这样做不仅不会赢得好感，还会招致反感。

◎**勇敢迈出第一步**

《别独自用餐》的作者基思·法拉奇在书中说：**"提要求没什么难的，最坏的答案也不过是不答应而已。"**已经知道了最坏的结果，我们就能勇敢迈出第一步，开口向别人请教。万事开头难，只要勇敢迈出了第一步，我们就会发现请教别人没那么可怕。

成就感牢牢地根植于每个人的心中，当别人向我们请教时，我们也会有成就感，因为这证明了我们某些方面的长处，也说明我们收到了别人的重视。当我们向别人请教时，别人也会有相同的心理感受。所以，**在社交中，我们要善于请教别人，做对方的忠实听众，给对方表演的舞台，以此拉近双方的关系。**

精准社交

在人际交往中，我们要善于请教别人，做对方的忠实听众，给对方表演的舞台，以此拉近双方的关系。

热情，可以最大限度地打动别人

1

当一个人有无限热情时，他可以做成任何事，热情可以让一个人发挥最大的潜能。当我们被欲望支配时，就会变得渺小；当我们被热情激发时，就会变得伟大。**托尔斯泰说："一个人若是没有热忱，他将一事无成。"** 在社交中也是如此，热情，可以最大限度地打动别人。

我们每天的生活中，都会和陌生人接触，在有些场合中，我们必须主动热情地与别人交流。因为只有表现出热情，才能更顺利地结交新朋友，热情是人与人之间的黏合剂，能让我们快速地与别人打成一片。

绝大多数人都喜欢与热情友好的人交往，特别是在大家都不是很熟悉的情况下，热情的人更具有吸引力。因为热情也意味着接纳，大家都害怕被拒绝，当然会优先选择与热情的人打交道。保持热情，面带微笑，我们就能拉近与别人的距离。而且，热情主动的人，往往也会成为话题的主导者，在人际关系中起主导作用。

2

首先，我们要让别人看到我们的热情，感受我们的温暖。这样会让我们轻易赢得信任，和别人交流也会变得更容易。

和陌生人打交道最多的职业莫过于销售员，吃闭门羹对他们来说是一件很平常的事。但为了打动客户，他们必须拿出自己的热情，主动地与陌生人打交道。我有一位朋友就是一位销售员。他说自己的成功秘籍就是热情和主动。

"现在的产品都是大同小异的，顾客在哪里买都是一样的。唯一的区别就是销售员的态度，热情和主动才能打动客户。如果顾客问一句，销售员才答一句，那顾客就会认为自己不受欢迎，也不愿意再找这个销售员买东西了。"

其实，保持热情很简单，一句善意的问候，一个美丽的微笑都能让人感觉到温暖。别人遇到困难的时候，主动帮忙；向

别人求助了，及时道谢；碰到想结交的人，主动上前搭话等，都是热情的举动，我们在平常的生活中是很容易做到的。

如果我们总是表现得很冷漠，别人就不愿意主动和我们打交道，也不愿意向我们求助，毕竟谁都不想被拒绝。

其次，人与人的交往是双方的互动，我们要主动向别人介绍自己，才能得到对方的响应。

性格开朗的露露就是靠着主动热情地搭话，认识了自己的男朋友。

那一次，露露参加了一个当地美术馆组织的单身游园会活动，在活动中，她对其中一位英俊的男士产生了兴趣。抱着试一试的想法，露露主动走到那位正在欣赏绘画的男士旁边，说："我也很喜欢这幅画，我觉得它比其他的画都好。"露露说完后，不等男士回应，就转身离去了。

来到另一个展览厅，露露站在了一幅画前，那位男士来到了她身边，说："这幅画比刚才那幅还要好。"

露露微笑道："我不太懂美术，你能给我讲讲吗？"

那位男士欣然答应，带领着露露欣赏美术作品，并一起共进晚餐。后来，那位男士就成了露露的男朋友。其实，露露的男朋友当天已经观察了她很久，但却不敢主动上前跟露露打招呼。如果不是露露主动采取行动，两人恐怕就要错过这段美好姻缘了。

我们都知道，如果遇到自己心仪的对象，要主动与对方打招呼，才能赢得对方的好感。其实，交朋友也是如此，面对主动热情的人，我们会不由自主地给对方积极回应。这就是热情和主动的感染力。

最后，彼此熟悉能增加人际关系中吸引的程度。

如果其他条件基本相同，人们会倾向于选择与邻近的人交往。物理空间距离较近的人，见面的机会比较多，容易与对方变得熟悉，进而产生吸引力。越熟悉的人，心理上的距离也就越近，常常见面也便于彼此加深了解，促进双方互相信任和喜欢。

我们常说"远亲不如近邻"，就是因为我们和邻居接触得多，和相隔距离较远的亲戚接触得少。接触多的人，熟悉程度高，我们自然会对他产生亲近感。而接触得少的人，我们就会对他感到生疏。

可见，人与人交往得越多，彼此的关系就会越来越亲密。如果我们要想与别人建立关系，就要主动与对方多接触，多联系。我们每和对方接触一次，对方对我们的印象就更深一点，彼此也会越来越熟悉。

③

很多人都懂得这个道理，但却不知道到底应该怎样主动与别人打交道，也不知道如何主动地与别人保持联系。很多人表示："我不是不友善、不热情，我只是太害羞了！"还有人说："我不是不好相处，我只是不好意思主动找你！"可见，"害羞"和"不好意思"都是我们表达主动和热情的障碍，我们应该尽量克服这道障碍。

无论是与朋友、邻居相处，还是和客户、同事相处，平时主动联系对方都是很重要的。因为建立关系最基本的原则就是：与别人保持联络。而主动和热情则是保持联系的法宝，只有热情主动的人，才能打动别人，和对方成为可以互相帮助的朋友。

精准社交

保持热情很简单，一个善意的微笑，一句体贴的话语都能让人感觉到温暖。别人有麻烦的时候，主动帮忙；麻烦了别人，及时道谢；碰到想结交的人，主动上前搭话等等，都是热情的举动，我们在平常的生活中是很容易做到的。

让社交为人生赋能

海明威在诗中说道：
"没有人是一座孤岛，可以自全。"
不要把自己活成一座孤岛，
也不要让封闭的心隔绝了生命中的阳光。
只要伸出双臂，
你就会被生活拥抱，
只要你愿意开口，
身边的朋友就愿意为你伸出双手。
有爱、有温度的生活，
都免不了社交，
那些爱你的人都会说：
"喜欢和你交往！"

如何不活成一座无人问津的孤岛

1

《请回答1988》是我最喜欢的韩剧之一，剧中那充满温情的故事至今仍然令我动容。

善宇的婆婆将善宇一家居住的房子抵押给了银行，被蒙在鼓里的善宇妈妈直到收到了银行通知才知道真相。然而，家境本来就很贫寒的善宇一家，并没有足够的能力在所剩无几的时间里，筹集到还银行的那一大笔钱。眼看着房子就要被银行收走，善宇妈妈急得像热锅上的蚂蚁。

当时，居住在双门洞的那几家邻居中，只有阿泽一家能够拿出那么一大笔钱。尽管善宇妈妈和阿泽爸爸平日里关系很不错，善宇妈妈却因为害怕丢人，始终没有开口请求帮助。

后来，善宇的舅舅在医院看望生病住院的阿泽爸爸时，无意中道出了善宇一家所面临的困难。阿泽爸爸得知事情真相后，主动提出了帮助善宇一家，并且对不愿意开口请求帮助的善宇妈妈说了这样一番话：

人活着，有的事情需要欠人情，麻烦别人；别人都那样活着，不要一个人憋着。

那一刻，阿泽爸爸真的棒极了。这句话，也一直深深地影响着我的社交。

2

在生活中，相信大家都曾经有过这样的经历：

去商场里买鞋子，试穿了很多都不满意，但是因为觉得耗费了导购很多时间而很不好意思，所以抱着凑合的心理买下了其中一双；

心情不好想给某位朋友打电话聊聊天，号码还没拨完，又担心这样打电话过去，会打扰别人的工作，于是默默收起了手机；

想网购一件衣服，明明对尺码拿捏不准，却宁愿自己去研究也不愿意和客服深入地聊一聊，总觉得那样很麻烦别人；收到货后，即便没有那么满意，可为了图个清静，还是选择了签收……

曾经，我也是一个执着于"没事别打扰别人"的人。记得初入职场时，因为是新人，我总是闷头干活，即便有不懂的地方，也不敢向别人求助。这样的做法，让我吃尽了苦头，明明请教别人，一分钟就能解决的问题，我偏偏要自己研究，有时候一两个小时都搞不明白，工作效率极低不说，还总是出错。

后来，领导找我谈话，问我为何工作总是没有起色。我委屈地说："很多东西都不懂。"

领导诧异地问："不懂为什么不问呢？"

我只好如实回答："我看大家都很忙，我不想给别人添麻烦，想自己努力试试看。"

结果可想而知，我被领导狠狠骂了一顿。在我看来，遇到问题不请教是在体恤别人，是为了不给别人添麻烦，但是在领导看来，我每次闷头不声，影响的却是工作效率和工作成绩。

和领导聊完后，我回去认真地反思了一下，我发现，"万事靠自己"的处事方式似乎并没有为我赢得同事的好感，相反还造成了我和同事的疏离，让我离团队越来越远，让我在职场上屡屡受挫。

想明白这些以后，我便做出了改变。在工作中，当我再遇到问题的时候，我会主动热情地请教那些资历老、经验足的同事。我发现，其实在我请教的过程中，大家并没有冷眼相对，或者不耐烦。相反地，大家总是特别有耐心地手把手教我。并且在这个过程中，我和同事的关系也渐渐融洽了。

记得一次，我因为一个数据方面的问题请教办公室一位大姐的时候，大姐对我说："以前老看你一个人埋头苦干还以为你不爱搭理我们，后来才发现原来你是怕影响我们工作，其实没关系的，我们不怕帮你解决问题，我们就怕你遇事一个人扛着，谁都是从那个阶段过来的，我们愿意帮助你！"一席话，说得我热泪盈眶。

从那以后，我明白了一个道理：**不打扰别人，不一定意味着替人着想。相反地，它会拉远我们与别人的距离。一个披着**

坚强外衣，"万事不求人"的人，只会将自己活成一座无人问津的孤岛，慢慢失掉精准社交的能力。

3

我记得《奇葩说》中有这样一个辩题：不给别人添麻烦，是不是一种美德？

事实上，这是一个很大的话题，它不仅涉及我们与好友、恋人和亲人的相处问题，更是一个关于独立和依赖的选择问题。

如果时间倒退五年或者更久一点，在我还尚且青涩的时候，当我遇到这个辩题，我一定会毫不犹豫地选择站在正方的立场，认为不给别人添麻烦是一种美德。那时的我，也确实是这样做的。

然而，如今的我，在生活的磨砺中早已逐渐成熟。我发现，当我们过分强调独立的时候，往往会矫枉过正。渐渐地，我们便失去了依赖的能力，我们与他人便越来越疏离，我们会过得越来越孤独，我们与周围人的关系，也会越来越紧张、越来越淡漠。

然而，这真的是我们要想的吗？

不得不说，过分独立其实是具有一定的危险性的。一方面，它阻挡了别人靠近我们的步伐，剥夺了我们和他人之间建立连接性的可能；另一方面，它也促进了我们内心高傲和不可一世心态的滋生。

薇薇是我的发小，大学毕业后，我们来到了同一个城市打拼，并且在机缘巧合下住进了同一个小区。平日里，我们经常走动，不是她邀请我去她家吃饭，就是她到我家做客。有一段时间，我工作很忙，常常赶稿到凌晨，周末也鲜少有休息。于是，我和薇薇很长一段时间都没联系。

一次，我出差时顺道回家看望爸妈，妈妈突然问我薇薇最近怎么样？我说我也不知，最近没联系。

我妈听后吐槽说："你们不是住同一个小区吗？怎么会不联系，这低头不见抬头见的都不联系，算什么闺蜜啊！"

出差回来后，我想着一定要抽时间和薇薇联系一下，没想到，薇薇当天晚上就给我发了信息，问我在不在家，要来给我送水果。

见面后，我和薇薇聊到了我妈对我们的吐槽。薇薇笑着埋怨到："是啊，每次都是我联系你，你从来就不主动找我的。"

我笑了笑说："我怕你忙呀。"

薇薇突然就认真了："忙是借口吗？要不是我这次没忍住借着给你送水果的理由联系你，说不定你永远也不会联系我呢！"

那一刻，我突然觉得，自己怕麻烦别人的心态，其实对别人来说，也许是一种伤害。

那条晚上，薇薇坐在我家沙发上感叹道："你发现了吗，我们现在住在城市里，好像大家的关系都变得很淡漠，同事就是同事，工作就是工作，闲暇的时候，彼此都不联系。还是很怀念老家，大家都很热络。"

我也感慨地说："大约是我们都把心门关闭、把自己封闭起来了。"

那晚，我们就着昏暗的灯光和酸酸甜甜的水果，破天荒地聊了许多心事，仿佛又回到了学生时代，我们挤在一个被窝里说悄悄话。临走时，薇薇对我说："以后要经常和我联系啊，不要总是等着我联系你。不过，就算你不联系我，我也会联系你的，谁让你是我的好朋友呢？"

那一刻，我觉得温暖极了，也暗暗在心里下决定：一定要好好改掉怕麻烦别人的毛病，做一个更热情的人。

4

很多时候，我也在想，一个不愿意打扰别人，也不愿意别人打扰自己的人，究竟有什么样的心理呢？

不可否认的是，这样的人，一定是分外独立的，但在独立的背后，也一定有着对外界本能的抗拒，对别人刻意的防备以及些许的自私。

电影《天水围的日与夜》为我们讲述了这样一个故事：

作为大楼里新搬来的住户，斤斤计较的阿婆梁欢总是过着郁郁寡欢的孤独生活。阿婆每次看到邻居阿贵，也总是一副冰冷寡淡的模样，最开始，他们不过是相互淡漠的点头之交。慢慢的，慷慨温暖的阿贵，用她的真心和热情，一点点融化了阿婆心里的冰山，阿婆渐渐接受了阿贵的好意，并且学会了给以阿贵回报。

后来，阿婆和阿贵的感情，就在一来一回的互相麻烦和互相帮助中，不断增进，他们的关系也变成了不是家人却胜似家人。

和阿婆一样，在经历了生活的历练后，我也学会了不再包裹着自己，学会了适当地向别人求助，学会了接受别人的好意。在这一次次的欠点人情、还点人情的过程中，我逐渐成为更好的自己，也逐渐收获了许多，不仅工作更有成就感了，身边的朋友也多了起来。

在我们的身边，总是有许多的人因为怕背负人情债而不肯向别人求助，对于他们而言，"欠什么都不要欠人情"的理念根深蒂固。遗憾的是，他们始终没明白，生活在这个世界上，我们每一个人都是社会人，我们谁也不能独善其身，脱离群体而单独存在。

当我们选择了适当向别人求助的时候，我们只是打破了自己身上的盔甲，让自己更柔和地走向对方，让对方更明确地知道了我们对他们的需要，也给对方接纳我们，营造了更好的理由。

卡耐基在《人性的弱点》里这样说道："如果要想让交情变得长久，那么你得让别人适当为你做一点小事，这会让别人有存在感。"

当我们选择了做一个适当向别人求助的人时，其实并不代表我们不体恤别人。相反地，这恰恰代表着我们在勇敢地与自己的心魔做斗争，在一点点推翻那堵阻挡了别人善意的高墙。这样的我们，更富有人情味和烟火气，也更有资格享受生活的舒适和美好。

精准社交

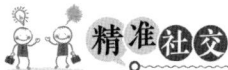

当我们选择了适当向别人求助时，其实是在打破身上的盔甲，让自己柔和地走向对方。

你的行为模式镜映出孩子的未来

1

邻居家的晴晴是一个很乖的孩子，她妈妈经常跟邻居炫耀孩子懂事听话。

一次，晴晴妈妈跟我说："我们家晴晴小时候可乖了，一次她到楼上圆圆家里玩，回来以后家里没人，她就自己一个人坐在楼梯上等我们回家。"晴晴妈妈很得意女儿的"乖巧"，可我听了心里却很不是滋味，小小的孩子宁愿一个人坐在楼梯上，也不愿意请求邻居的帮助，这是一件多么令人心酸的事情啊！在我看来，晴晴的过分"乖巧"和"听话"，恰恰是家长教育的失职。

晴晴小时候在我们这些熟悉的邻居面前，还是比较活泼大方的，看见陌生人也不会很害怕。但是，上小学以后她变得十分沉默和胆小，脸上的笑容也越来越少。据晴晴妈妈说，她在学校看到老师和同学也是怯生生的，说话声音很小，上课也不愿意回答问题，在班上也没有什么朋友。

一次，数学课上，老师上完课后让同学们做练习题，其他的同学很快算完了，并开始小组讨论交流答案和做法。同学们讨论得正激烈时，老师却发现晴晴一道题也没做，正坐在那里抹眼泪呢！

老师就问她："晴晴，你为什么哭啊？是不会做吗？"

晴晴点了点头，老师又说："你不会做，为什么不来问问老师和同学呢？"晴晴什么都不说，只是掉眼泪。班上的同学都七嘴八舌地和老师说：晴晴从来不和其他同学玩；小组讨论也不参与；遇到难题就只会哭。

老师把晴晴的妈妈请到了学校，告诉了她晴晴的情况，希望家长能开导晴晴，让她变得勇敢开朗起来。晴晴妈妈得知情况后很苦恼，她不明白，晴晴的性格为什么会变得怯懦，而且在学校也没朋友，这让她非常担心。

为什么晴晴会变成这样呢？就是因为她从小被教育要乖要懂事，不要打扰别人。这造成她在学校不懂得求助，也无法和同学建立很好的关系。在我们身边，有很多家长都和晴晴妈妈一样，觉得孩子懂事乖巧才好，不仅省心，而且好带。所以，他们在教育孩子的时候，都喜欢给孩子灌输听话、乖巧、别惹事、不要打扰别人的思想。但是，教育孩子"不打扰别人"真的好吗？

2

那些乖巧懂事、不打扰别人的孩子对家长来说确实很省心，但是孩子自己真的活得很辛苦。 这些孩子不会与人打交道，很难交到朋友，有什么事都自己扛，总是一个人默默地做自己的事。因为害怕打扰别人，他们也不会向别人求助，不知道怎样与别人建立关系。教育孩子"不打扰别人"，虽然让自己省心，但却会害了孩子一辈子。这样的教育会让孩子变得孤独、没有朋友，遇事也不敢向别人求助。

"不打扰别人"的孩子容易自卑，平时喜欢什么，想吃什么都不敢说，别的小朋友有什么好吃的、好玩的，他只会在旁边默默地羡慕，不敢开口告诉父母，仅仅只是为了能做一个父母眼里"懂事"的孩子。这样的孩子内心一定会压抑着很多东西，长大后也是处处为别人着想，不喜欢表达自己的感受。

"不打扰别人"的孩子在成长的过程中，习惯于压抑自己的感情，因为他们感受过被拒绝的失望，害怕自己再次被拒绝。慢慢地，他们就会对生活失去热情，也不容易看到自己的价值。因为总是一个人默默做事，他们的努力和成就也得不到别人的认可，自然也不会在生活和工作中积极进取。一个缺乏热情、消极的人，不会有很好的人际关系的，而且"付出感"也会伴随着他的一生。有很深"付出感"的人不喜欢打扰别人，更不喜欢别人打扰自己，爱别人对他来说都是一种负担。

人与人之间的关系，是在"互相帮助"中建立起来的。越是互相帮助，人们之间的交情也越深。通过"互相帮助"人们会从陌生变得熟悉，再从熟悉变成朋友。孩子之间的友谊也是如此，小朋友之间互相帮助才能让彼此越来越熟悉。如果孩子怕打扰别人，就不会和别人交往，更谈不上互相帮助了。

教育孩子"不打扰别人"也会减低孩子的"配得感"，让孩子变得缺乏自信。小时候我们都觉得自己是童话中的公主和大英雄，可后来我们就不这样认为了，一方面是因为我们长大了，知道了童话是虚构的，另一个方面，我们的"配得感"也在逐渐下降，我们"认清"了自己，认为自己不可能成为那样美好的人。

好奇、好玩、好表扬是孩子的天性，他们生气时要哭，开心时要笑，有时候会害羞，有时候胆子又特别大，讨厌了会大声说出来，喜欢了就会勇敢地拥抱。你忍心让这样一个率真可爱、坦诚的小生命变成一个怯懦、胆小、封闭、不愿意打扰别人、也不愿别人打扰自己的人吗？

3

家长在教育孩子的过程中，千万不要给孩子灌输"不要打扰别人"的思想。我们可以教孩子独立自主，但也要教孩子学会求助；我们可以教孩子坚强勇敢，但也要教孩子学会信任和依靠。孩子在成长的过程中，离不开老师、同学的帮助，孩子长大后也不可能独立一人生活在社会上。我们要让孩子学会向别人求助，懂得与别人合作，在教育孩子时，我们要注意以下几点。

◎**经常鼓励孩子，让孩子找到自信**

不会寻求帮助，不愿意打扰别人的孩子往往缺乏足够的自信，害怕自己会说错话、做错事，也很害怕别人拒绝自己。所以，父母要多鼓励孩子，关注孩子，帮孩子树立自信。如果孩子已经上学了，家长还应该和老师积极联系，请老师多多关注和鼓励孩子，让孩子战胜自己的胆怯。

◎让孩子体会帮助别人的乐趣

家长可以主动创造机会，让孩子体验到帮助别人的乐趣。例如，利用周末时间去敬老院帮助孤寡老人，为山区的孩子捐献学习用品，帮助家人做家务等，在做这些事的过程中，孩子能从中得到夸奖和肯定，他也能获得很大的成就感。这时，家长应该趁机引导孩子，告诉孩子别人也愿意帮助他们，因为每个人都能在帮助别人时得到快乐。

◎让孩子明白向别人求助的必要性

家长还可以给孩子布置一些比较困难的任务，并让孩子独立完成，让孩子体验一下"单打独斗"的困难。然后再引导孩子在适当的时候寻求其他人的帮助，并教给孩子向别人求助的正确方法和礼貌用语。经过别人的帮助，解决了困难。孩子就能明白，互相帮助的重要性。

◎让孩子多参加社会活动

让孩子参加社会活动，可以帮助孩子树立正确的人生观、价值观和世界观。多接触社会上的人和事物，不仅能让孩子见多识广，还能让孩子变得更加开朗和自信。家长可以多带孩子参加社会活动，例如：集体旅行、集体植树、社会实践等，并引导孩子思考，从实践中学习。

◎告诉孩子："被你打扰我愿意。"

父母是孩子最大的依靠和最温暖的港湾，如果他连父母都不愿"打扰",就更加不会打扰别人了。家长们一定要让孩子知道,无论遇到什么问题,都可以向父母求助,而父母也会无条件地提供帮助。只有这样,孩子的内心才会有安全感,他们在向别人求助时,也会更有底气。

　　孩子之所以会怯懦、不自信,是因为父母没有给他们充分的安全感。孩子不知道怎样和别人打交道,也不敢打扰别人。这是因为他们不自信,而且害怕被拒绝,所以只能一个人孤独地长大。如果真的爱孩子,就应该教会他如何与别人建立关系,如何适当地"打扰"别人。

精准社交

　　家长在教育孩子的过程中,千万不要给孩子灌输"不要打扰别人"的思想。我们可以教孩子独立自主,但也要教孩子学会求助。我们可以教孩子坚强勇敢,但也要教孩子学会信任和依靠。

示弱是爱的底层逻辑

1

　　坚强的人总是不想打扰别人,无论什么事都选择自己一个人扛。甚至把应该两个人去担的重担，都揽在了自己的身上，然后拼尽一个人的力气去承受。

就算累了、痛了也不说，把所有的辛苦都咽在自己的肚子里。不敢在对方面前说一个苦字，连眼泪也不愿意在对方面前掉。生怕对方笑自己不够坚强、不够勇敢，恨不得自己变成无所不能的超人；生怕对方说自己不够好，不够优秀，任何事都想做得面面俱到。

面对一切压力，也许也有过要想倾诉的时刻，但是怎么也开不了口，宁愿一个人辗转反侧到深夜，也不愿向身边的亲人和爱人寻求帮助，哪怕对方是自己身边最亲近的人，也只愿意对对方说一句："不用麻烦了。"

但是，不打扰别人，又怎么能得到别人的爱呢？

有些人也许会想：我什么都能自己做，好像一个人也可以。但是他们的内心深处也十分渴望别人的关怀和陪伴，但就是不愿意去开口打扰别人。韩剧《太阳的后裔》中，男主角对女主角说："谈恋爱本来就是自己能做的事，对方非要为你做。"这句话的意思就是，爱你的人，根本不怕被你打扰。

在日常生活中，如果有一个和自己关系一般的同事明明可以自己去吃饭，却懒得出门，非要我们帮他带。第一次我们会很乐意，第二次也可以，第三次、第四次也勉强接受，但是如果对方天天如此呢？我们还会愿意吗？我想每个人都不愿意接受这样的"打扰"。

但是，如果把这个人换成我们爱的人呢？我想很多人应该会甘之如饴吧！这是因为我们爱对方，希望自己能为对方做点什么。所以，当对方"打扰"我们时，我们一定不会置之不理，而是会尽力地帮助他/她。这是我们和爱人在一起时应尽的责任，也是我们心甘情愿为对方去做的事情。

爱一个人，就不会怕对方来打扰自己。虽然我们知道对方有能力自己做到，但我们仍然愿意支持他/她，与他/她共同进退。因为我们也相信，对方愿意为我们做任何事。这是因为我们和对方之间有爱的存在，当一个人觉得自己的另一半麻烦时，就说明他/她不够爱对方。因为，爱一个人就会心甘情愿地为对方付出，对方的任何要求我们都不会觉得烦。不爱了，对方在我们眼中成为累赘，为对方做任何事，我们都会嫌烦。

2

一次，几个好朋友约好周末一起聚会，但是大家都到了，小雯却迟到了，她解释说："不好意思，我打车等了好久。"其实，小雯的老公是有车的，而且当天是周末，他也不用上班。于是有一个朋友就奇怪地问小雯："你们家不是有车吗？你自己没驾照，可你老公有啊，怎么不让他送送你呢？"

小雯尴尬地笑了笑，说："他很忙，没时间，这点小事就不打扰他了，我自己也能来。"虽然小雯嘴上这么说，但她心里却很不是滋味。聚会结束后，天色已晚，而且下起了大雨，小雯拒绝了朋友们的顺风车，又一个人站在那里打车。

等了好久都没有打到车，于是她打电话："我等了半天没打到车，你能不能来接我一下。"

小雯的老公却说："雨下得这么大，我去接你也很费时间，路上还要堵车，你就自己打车回来吧，反正也不远。"

小雯的老公因为怕费时间，让她一个人在雨里等了很久，小雯很伤心，但她选择了默默承受。因为她很爱自己的丈夫，愿意为他付出，也生怕打扰他。

总是把自己放在尘埃里，卑微地爱着对方，但是换来的却是对方的习以为常。生活中，一定有很多像小雯一样的人，生怕让自己爱的人受累，什么事都选择一个人默默承担。但是，他们却没有想到：愿意关心另一半，真心爱另一半的人，一定愿意为另一半付出。

有时候，我们怕自己的打扰让另一半厌烦，什么事都自己做，一方面，是因为对自己没有信心，哪怕对方十分乐意，我们也不敢打扰对方；另一方面，是因为我们不愿意面对"他/她没那么爱我"这个事实。但是我们应该告诉自己："爱你的人，到哪里都顺路；想你的人，再忙也有空。"

爱一个人，有很多表达方式，有的人感情外露，有的人默默关心，但归根到底只有一句话，那就是：你的打扰，我甘之如饴。**不爱我们的人，总会嫌我们太多事；而爱我们的人，永远都会为我们付出，他/她永远会在我们开口求助之前说："没关系，让我来吧！"**

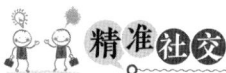

精准社交

家长在教育孩子的过程中，千万不要给孩子灌输"不要打扰别人"的思想。我们可以教孩子独立自主，但也要教孩子学会求助。

合理授权与放权，方可掌控人心

1

从道德层面上来说，一个领导者事必躬亲是一种美德，这种美德可以作为一种企业精神去宣传，但不适合运用在实际的管理工作中，不懂得合理授权的领导，不是合格的领导，只有会授权下属的领导，才是好领导。

不合理放权，把手中的权利控制得太紧，就会让下属无法灵活地开展工作，也会影响下属的工作积极性。而且，领导把手中权力握得太紧，会导致后来者和继任者难以接班，给工作交接带来不便。

事必躬亲，还会给领导者本人造成很沉重的负担，一个人的精力毕竟是有限的，身为领导，本身就有很多事务要处理，如果不懂得合理放权，就会把自己"累死"。

美国著名的杜邦公司的第三代继承人尤金·杜邦，就是一个喜欢事必躬亲的领导者。他在掌权后，坚持实行"一根针穿到底"的管理模式。尤金·杜邦本人对公司拥有绝对控制权，公司所有的主要决策和一些小决策都要他来拍板，所有的支票都由他亲自开，所有的合约也由他亲自签，他亲自回复邮件，一个人决定利润分配，亲自巡视全国所有的几百家经销商。

　　每次公司会议上，总是尤金·杜邦发问，其他人回答，他的绝对集权式管理，使杜邦公司的管理完全失去了弹性，在激烈的竞争面前也失去了灵活性。在遭遇连续几个致命打击后，杜邦公司濒临倒闭。同时，尤金本人也陷入了公司内部的矛盾中，1920年他就因体力透支而去世了。

　　击垮领导者的不是那些重大的挑战和困难，而是一些鸡毛蒜皮的小事。其实，归根到底，都在于领导者的"有权不授"。

2

　　有的领导者总认为自己能力很强，事事都要求别人按照自己的要求去做，甚至事必躬亲，这种做法一定会削弱组织的活力和创造力，虽然，这样的领导很有责任心，但是这份责任心却没有起到正面效果，反而为企业管理带来了一些弊端。

　　◎ **占用领导者自己大量时间和精力**

　　事必躬亲的领导会把时间大量花在鸡毛蒜皮的事情上，不利于统筹全局，也占用了思考管理工作和处理其他重要事务的时间和精力，有可能会"捡了芝麻，丢了西瓜"。领导事必躬亲，从企业管理的层面来说，是得不偿失的。

　　◎ **让下属的才能和潜力得不到发挥**

　　本来是下属的分内事，领导却代劳了，下属就不用花很多心思在这项工作上了。而且下属自己想到的其他做法，领导也不一定会采用，长此以往，下属的创新意识就会慢慢退化，直至消失。

◎会令下属产生厌恶情绪

下属之间发生了矛盾，本来可以自己解决，如果领导在不了解原因的情况下出面干涉，有可能会作出不公正的判断，让下属受到不公正对待。这样一来，下属的工作积极性就会受到很大打击，还会对领导产生怨恨情绪。

◎让下属产生依赖性

能干而且事必躬亲的领导一定会让下属产生依赖心理，他们什么事都会等着领导来解决，什么烂摊子都等着领导来收拾，一旦形成了这种依赖型，领导就是想放手也放不开了。

在很多企业中，许多领导整天忙得焦头烂额，每件事都亲自过问，不希望工作出任何纰漏。这种事事求全的愿望虽然是好的，但是往往收不到好的效果。

3

李嘉诚曾经这样说："我是杂牌军总司令，我拿机枪比不上机枪手，发射炮弹比不上炮手，但是总司令懂得指挥就行了。"作为企业的指挥官，领导只需要抓住大方向，其他的地方就放权给下属，让下属发挥自己的作用。

作为领导只需要抓住财权、人事任免权、和最终决策权，并做到当机立断，"该出手时就出手"就可以了，其他的"小"权利应该交给自己的下属。但是，领导要懂得把权力交给正确的人，否则就会令企业蒙受损失。那么，领导应该授权给谁呢？

领导在向下属授权时，可以考虑以下几类人：

◎忠实执行上司命令的人

严格执行领导下达的命令，是下属必须严格遵守的第一大原则。即使和领导有不同意见，也应该先找领导反映自己的想法，和领导商量，如果领导依然不接受，那么就要服从领导的决定，有些下属在自己的意见没有被领导接受时，就抱着敷衍了事的想法去做事，这样的人不应该成为协助领导的人。

◎勇于承担责任的人

权利和责任从来都是一体的，领导把权利交给下属的同时，也是把一部分责任交给了他。所以，授权的对象必须是一个勇于承担责任的人，能为自己做的决定负责，能对领导的信任负责。不敢负责任的人，是难当大任的。

◎能独立做好分内事的人

遇到任何事，哪怕是一点鸡毛蒜皮的小事，也要向领导请示，这样的员工往往在能力上有所欠缺，或者对自己不够自信。领导放权给下属就是为了要集中精力抓大方向，如果下属依然事事请示的话，放权就没有意义了。

所以，领导在选择放权对象时，要选那些能独立做好分内事，能在权限之内独立做出判断的人，这样的人才是领导的左膀右臂。

◎领导不在时能担起留守责任的人

有些下属在领导不在时，就会精神松懈，忘记自己的职责和工作。而有些下属，在领导不在时，依然能认真做好自己的工作，并完成好领导交代的临时任务。这样的下属，一般会被领导任命为代行职权的人，也是领导放权的合格对象。

◎ 随时准备回答领导问题的人

能随时回答上司问题的人，一定是对自己的工作，对整个部门的工作了如指掌的人。这样的人不仅业务精深，而且对公司和部门的大方向也有一定了解，领导把权力授予他们时也会感到很放心。

◎ 关注细节，善于向领导提问的人

领导由于事务繁忙，难免会忽略某些工作上的细节。如果一位员工能注意到一些实际工作中的问题，并及时向领导反映，提出自己的看法。这样的人也可以成为领导的好助手，领导放权给他们能在企业管理上起到积极的作用。

诸葛亮事必躬亲、鞠躬尽瘁，最后却积劳成疾，而且他死后蜀汉就开始走下坡路。一个企业的领导如果不懂得合理授权，不懂得"麻烦"下属，那么他的企业和部门一定是缺乏活力的，也是缺乏动力、不能持续发展的。

精准社交

击垮领导者的不是那些重大的挑战和困难，而是一些鸡毛蒜皮的小事。其实，归根到底，都在于领导者的"有权不授"。